스트레이트 스티치

백 스티치

버튼홀 스티치

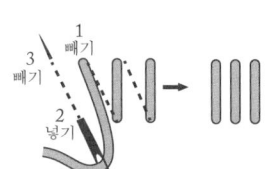

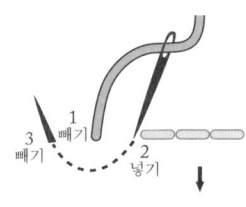
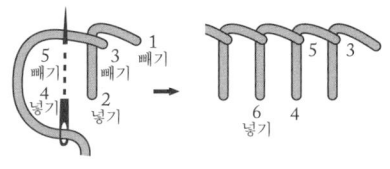

아우트라인 스티치

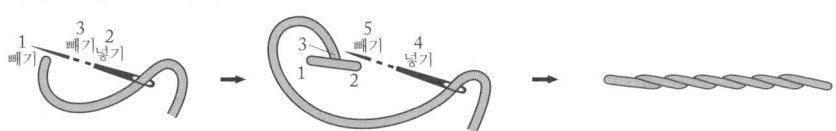

새틴 스티치

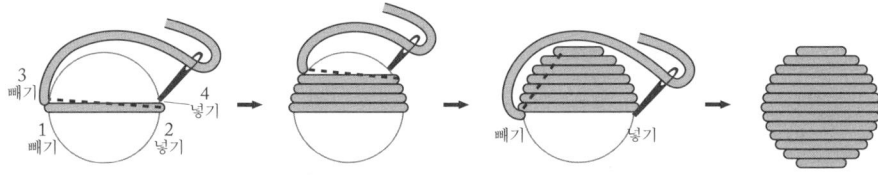

패디드새틴 스티치

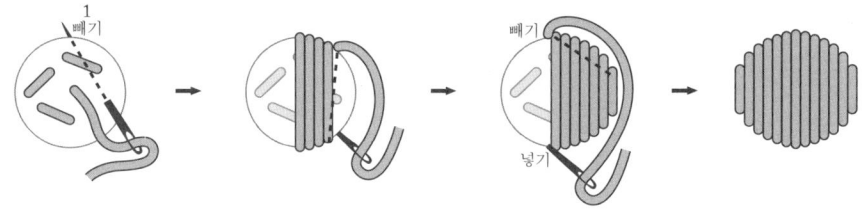

불리온 스티치

레이지데이지 스티치

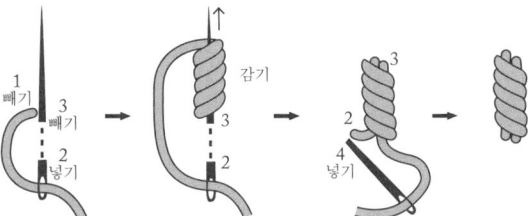
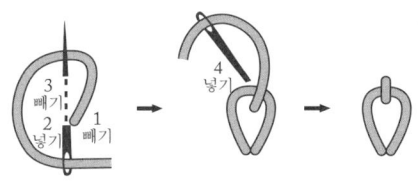

롱앤드쇼트 스티치

더블레이지데이지 스티치

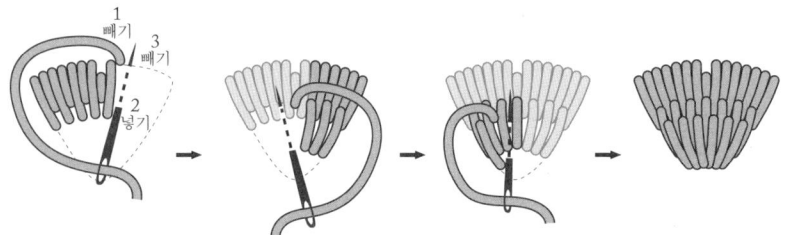
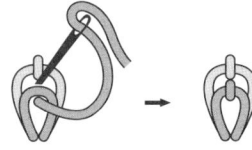

레이지데이지 스티치 + 스트레이트 스티치

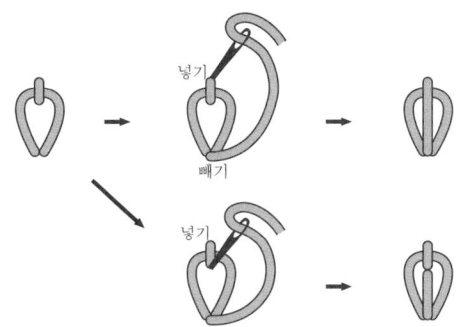

트위스티드데이지 스티치

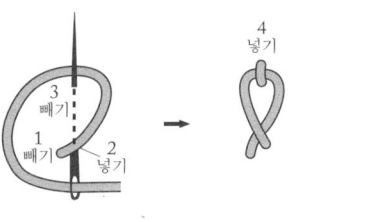

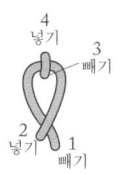

채인 스티치

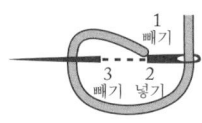

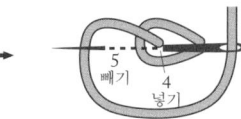

프렌치노트 스티치

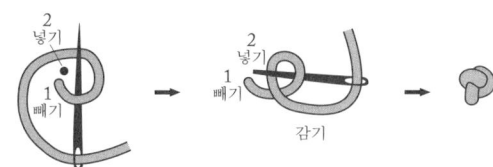

플라이 스티치

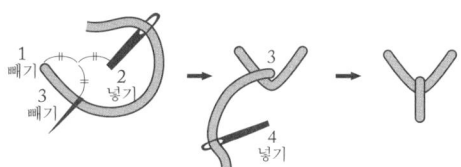

저먼노트 스티치

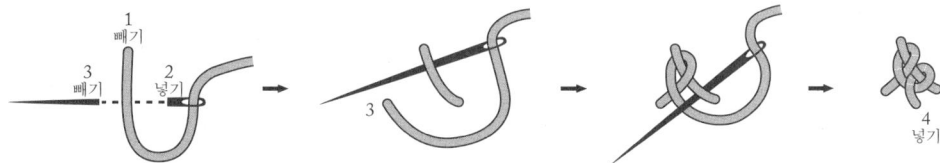

더블노트 스티치

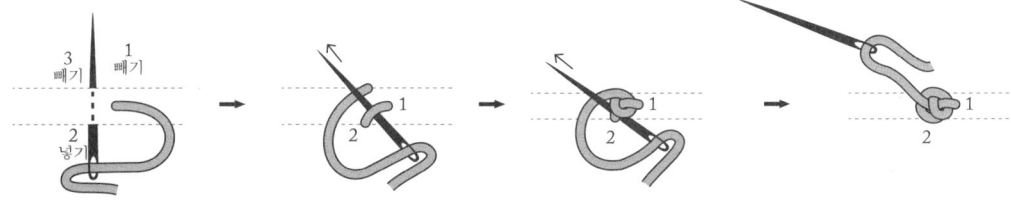

스파이더웹로즈 스티치

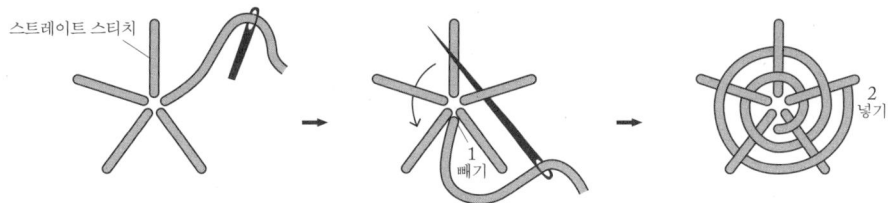

사계절의 아름다움을 담은 식물 자수
부케와 리스

가와데쇼보신샤 편집부 엮음 | 김한나 옮김

Botanical Embroidery Designs

Contents

봄 부케 ……………………………………………………… 4

봄 리스 ……………………………………………………… 12

여름 부케 …………………………………………………… 20

여름 리스 …………………………………………………… 24

가을 부케 …………………………………………………… 30

가을 리스 …………………………………………………… 36

겨울 부케 …………………………………………………… 40

겨울 리스 …………………………………………………… 44

수록 작품을 수놓는 방법 …………………………………… 50
실물 크기 도안 ……………………………………………… 94
작가 프로필 ………………………………………………… 126

봄 부케
Spring Bouquet

No 01

No 02

02 아네모네, 튤립 (곤도 미카코)

04 양귀비, 은방울꽃 (maki maki) 05 미모사 (FABBRICA) 06 마거리트, 미모사 (R4)

07 민들레, 삼백초 (사사키 미에코) 08 토끼풀 (kaitoandkite) 09 안개꽃 (기타무라 에리) 10 딸기 (PieniSieni)

No 11

11 작약, 거베라, 양귀비, 페퍼베리 (un peu)

No 12

No 13

14 장미 (기타무라 에리)

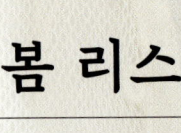

봄 리스
Spring Wreath

No 15

15 비올라, 양귀비, 미모사, 물망초 (un peu)

No 16
No 17
No 18

16 팬지 (ACE embroidery) 17 일일초 (시라이 가즈미) 18 미모사, 튤립, 양귀비, 팬지 (itonomori)

No 19

No 20

No 21

No 22

No 23

19 토끼풀 (FABBRICA) 20 마거리트, 크리스마스로즈, 안개꽃 (un peu)
21 은방울꽃, 봄까치꽃 (kaitoandkite) 22 둥굴레 (긴세이 소나타) 23 은방울수선화 (기타무라 에리)

No 24

24 제비꽃, 민들레, 범부채, 은방울꽃, 마거리트, 초롱꽃, 들장미 (PieniSieni)

No 25
No 26
No 27

25 크리스마스로즈, 안개꽃 (maki maki) 26 등꽃, 창포 (itonohaco) 27 미모사 (R4)

No 28

No 29

No 30

No 31

30 살갈퀴 (K.omono) 31 크리스마스로즈, 아티초크 (사사키 미에코)

32 벚꽃, 물망초 (라라노하나칸무리) 33 제비꽃, 비올라 (미우라 나나) 34 마거리트, 물망초 (ACE embroidery)

여름 부케
Summer Bouquet

No 35

No 36

No 37

No 38

35 도라지꽃, 과꽃 (아틀리에*노트) 36 나팔꽃 (PieniSieni) 37 수국 (시라이 가즈미) 38 히비스커스 (긴세이 소나타)

No 40

40 작약, 장미 (PieniSieni)

No 41

No 42

No 43

41 해바라기, 캐모마일, 에린기움 (maki maki) 42 해바라기 (itonohaco) 43 백합, 비파 (사사키 미에코)

여름 리스
Summer Wreath

No 44

45 과꽃 (기타무라 에리) 46 초롱꽃 (itonomori) 47 개망초 (kaitoandkite) 48 풀잎 (ACE embroidery)

No 49

49 나팔꽃 (사사키 미에코)

50 라벤더 (maki maki) 51 해바라기 (시라이 가즈미) 52 자주달개비, 괭이밥, 삼백초, 재스민 (atelier de nora)

No 53

No 54

53 양귀비, 베로니카 (FABBRICA) 54 나팔꽃 (itonohaco)

No 55

가을 부케
Autumn Bouquet

No 56

No 57

56 황제달리아, 오이풀 (Awj handmade) 57 보리 (PieniSieni)

No **58**

No **59**

No **60**

58 초콜릿코스모스 (시라이 가즈미)
59 패랭이꽃, 엉겅퀴, 이삭여뀌, 금목서, 대상화 (atelier de nora)　60 싸리꽃 (미우라 나나)

No 65

65 도라지꽃, 오이풀, 유칼립투스 (K.omono)

No 66

66 은행, 포도, 사과, 서양 배, 쥐참외 (itonomori)

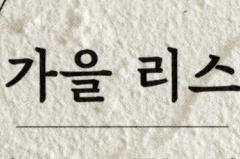

가을 리스

Autumn Wreath

No 68

68 초콜릿코스모스, 나무열매 (chicchai_chicchai)

No 69

No 70

No 71

No 72

No 73

69 꼭지윤노리나무, 무화과 (사사키 미에코) 70 옥살리스 (긴세이 소나타) 71 가막살나무 (maki maki)
72 금목서, 산귀래, 강아지풀 (아틀리에*노트) 73 금목서 (ACE embroidery)

76 올리브, 레몬 (미우라 나나) 77 올리브 (기타무라 에리)

겨울 부케
Winter Bouquet

No 78

78 수선화 (시라이 가즈미)

79 플란넬플라워, 목화 (chicchai_chicchai) 80 에린기움, 백장미 (maki maki) 81 열매와 꽃 (PieniSieni)

No 82

No 83

No 84

No 85

82 크리스마스로즈, 데이지, 무스카리, 블루베리 (FABBRICA)　83 호랑가시나무, 겨우살이 (itonohaco)
84 마거리트 (미우라 나나)　85 수선화, 매화 (사사키 미에코)

86 아네모네, 비올라 (라라노하나칸무리)

겨울 리스
Winter Wreath

No 87

88 수선화 (긴세이 소나타) 89 포인세티아 (ACE embroidery) 90 겨우살이, 블루아이스 (chicchai_chicchai)

91 동백꽃 (기타무라 에리) 92 포인세티아, 호랑가시나무 (maki maki)

93 크리스마스로즈, 수선화, 겨우살이, 마거리트 (atelier de nora) 94 팔손이, 띠 (사사키 미에코)

No 95

No 97

No 96

95 겨우살이, 전나무 (itonomori) 96 크리스마스로즈 (시라이 가즈미) 97 비올라 (kaitoandkite)

No 98

No 99

98 목화, 팔손이, 로즈힙 (FABBRICA)　99 플란넬플라워 (Awj handmade)

수록 작품을 수놓는 방법

* 수놓는 방법 샘플은 전부 100% 크기로 실었습니다. 실의 방향이나 겹치는 방법 등을 참고해서 수놓으세요. 스티치 앞에 표기된 숫자는 실의 색상 번호, 괄호 안의 숫자는 실의 가닥수입니다. 색상 번호 대신 색상명을 그대로 표기한 경우도 있습니다.
* 실물 크기 도안은 p.94~125에 실었습니다. 각 도안의 지정 페이지를 참조하기 바랍니다.

No 02

도안 >> **p.94**
COSMO 25번사
지정한 부분 외에는 아웃라인S

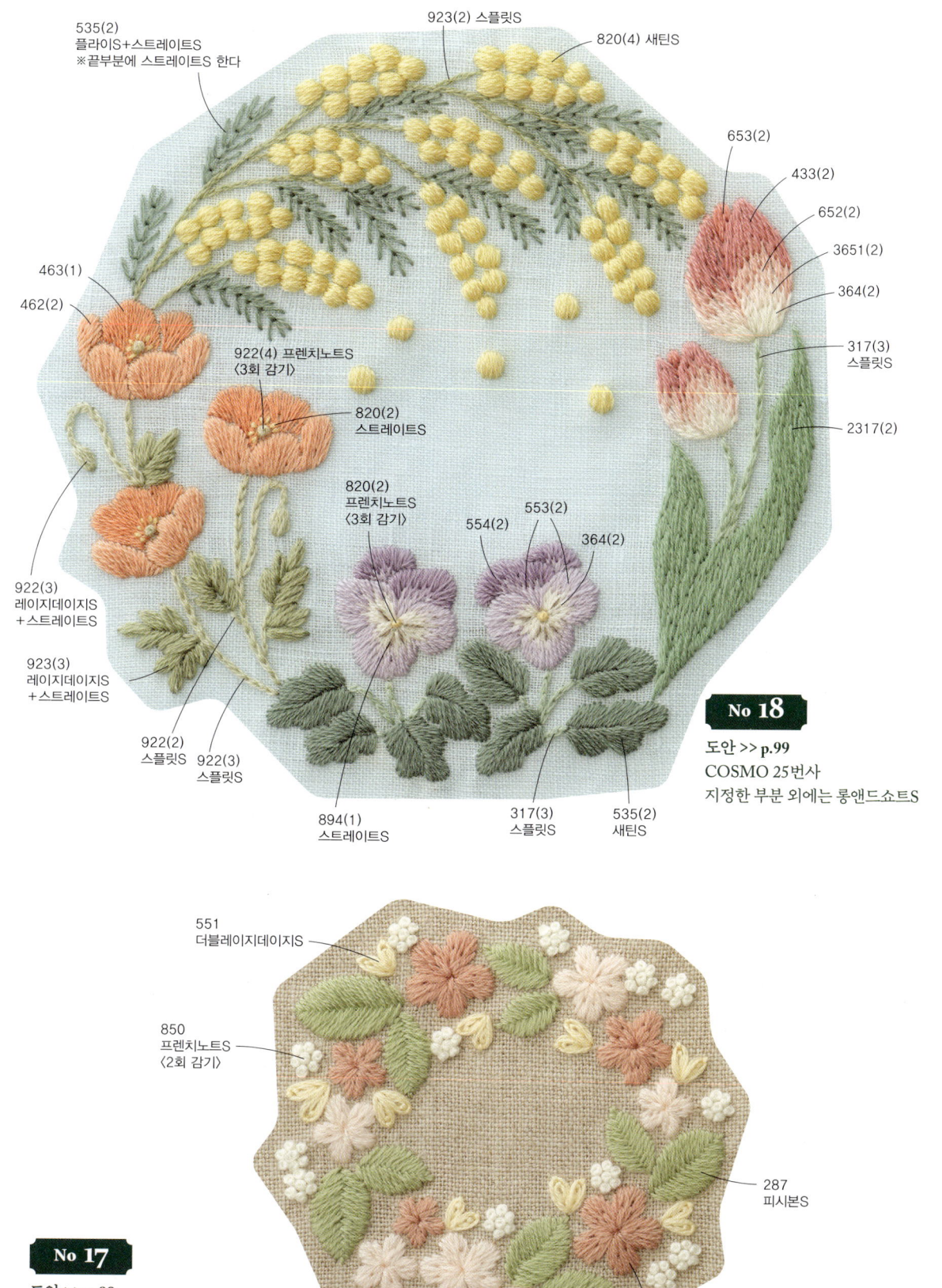

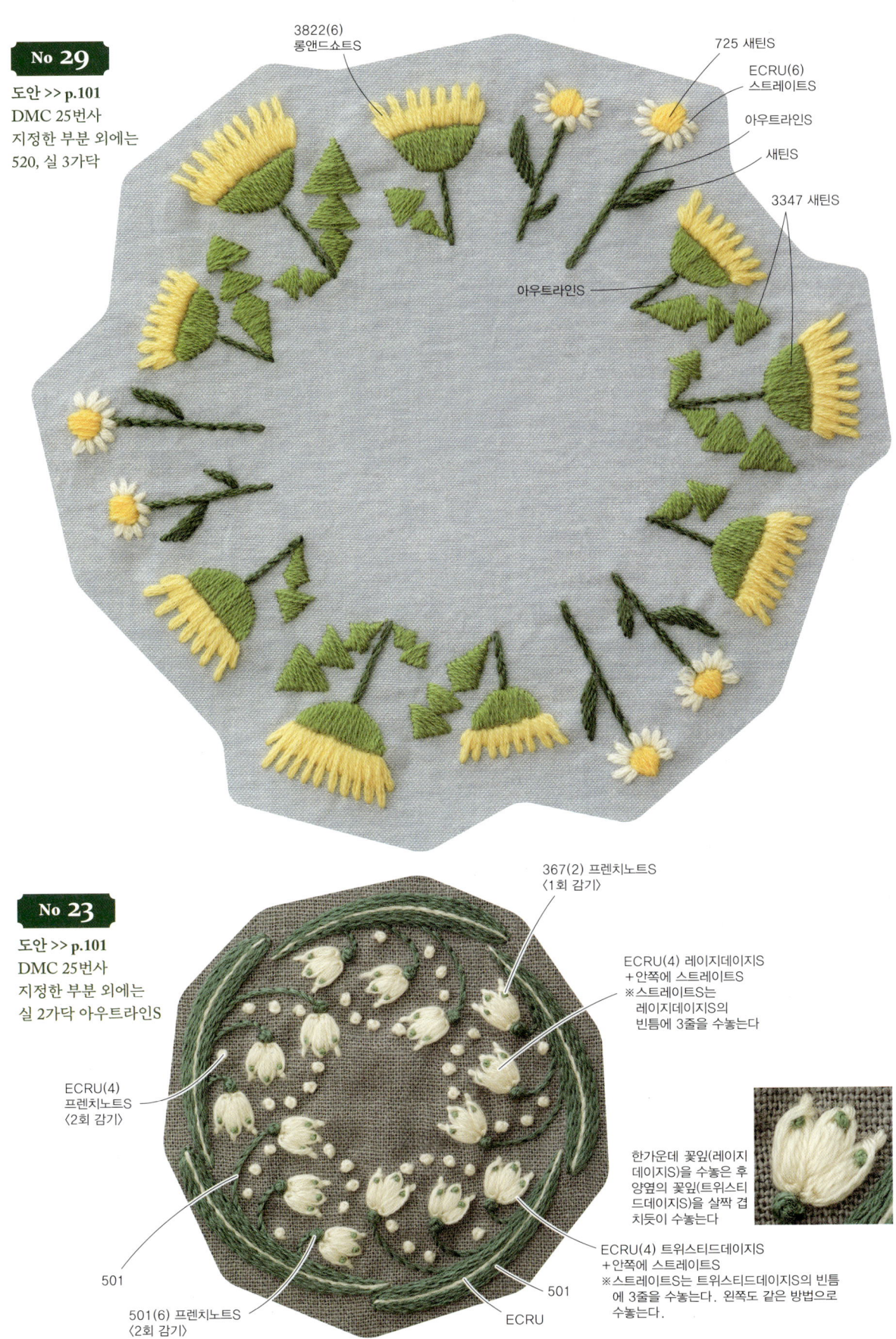

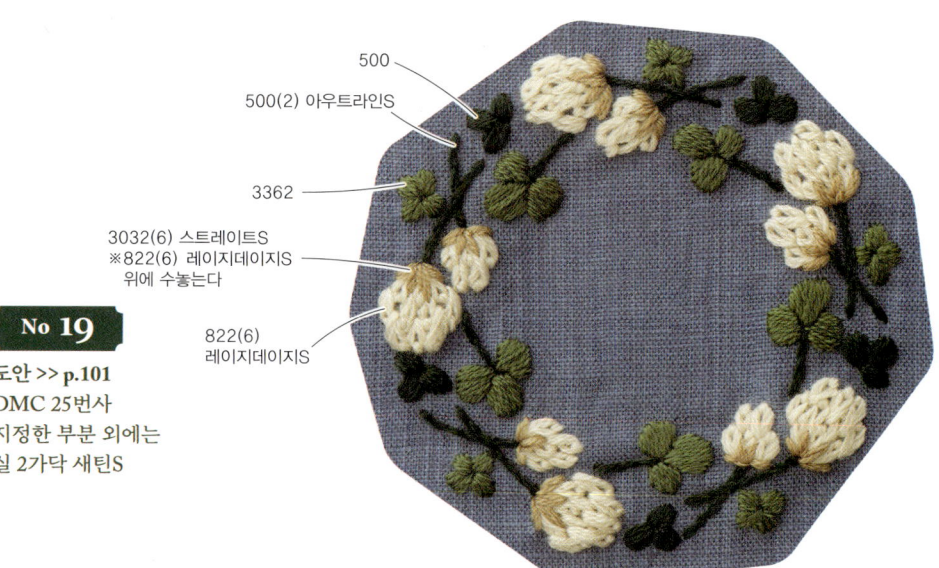

500
500(2) 아우트라인S
3362
3032(6) 스트레이트S
※822(6) 레이지데이지S
위에 수놓는다
822(6) 레이지데이지S

No 19
도안 >> **p.101**
DMC 25번사
지정한 부분 외에는
실 2가닥 새틴S

646(6) 버튼홀S

3033 버튼홀S
647 레이지데이지S
+안쪽에 스트레이트S
※스트레이트S로 메운다
3032(6) 프렌치노트S
〈1회 감기〉

No 28
도안 >> **p.102**
DMC 25번사
지정한 부분 외에는
실 3가닥

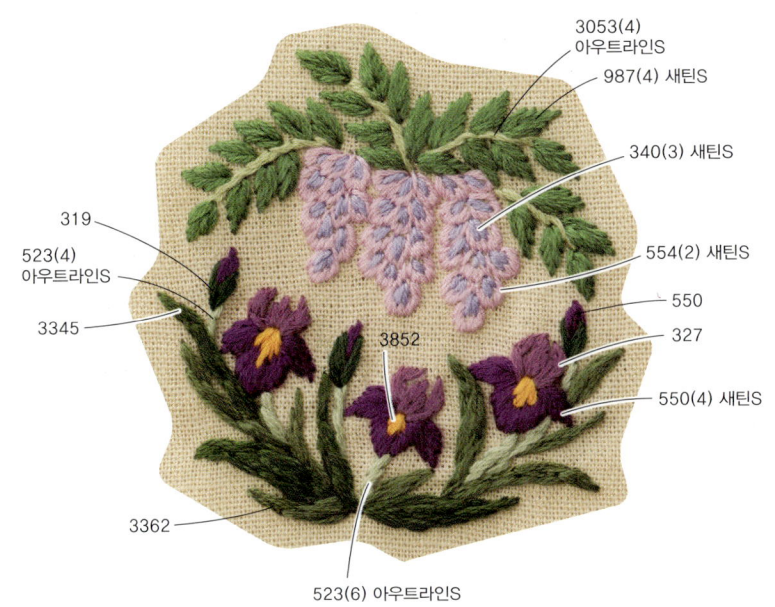

No 26
도안 >> p.102
DMC 25번사
지정한 부분 외에는
실 4가닥 롱앤드쇼트S

No 30
도안 >> p.103
DMC 25번사
지정한 부분 외에는
실 2가닥

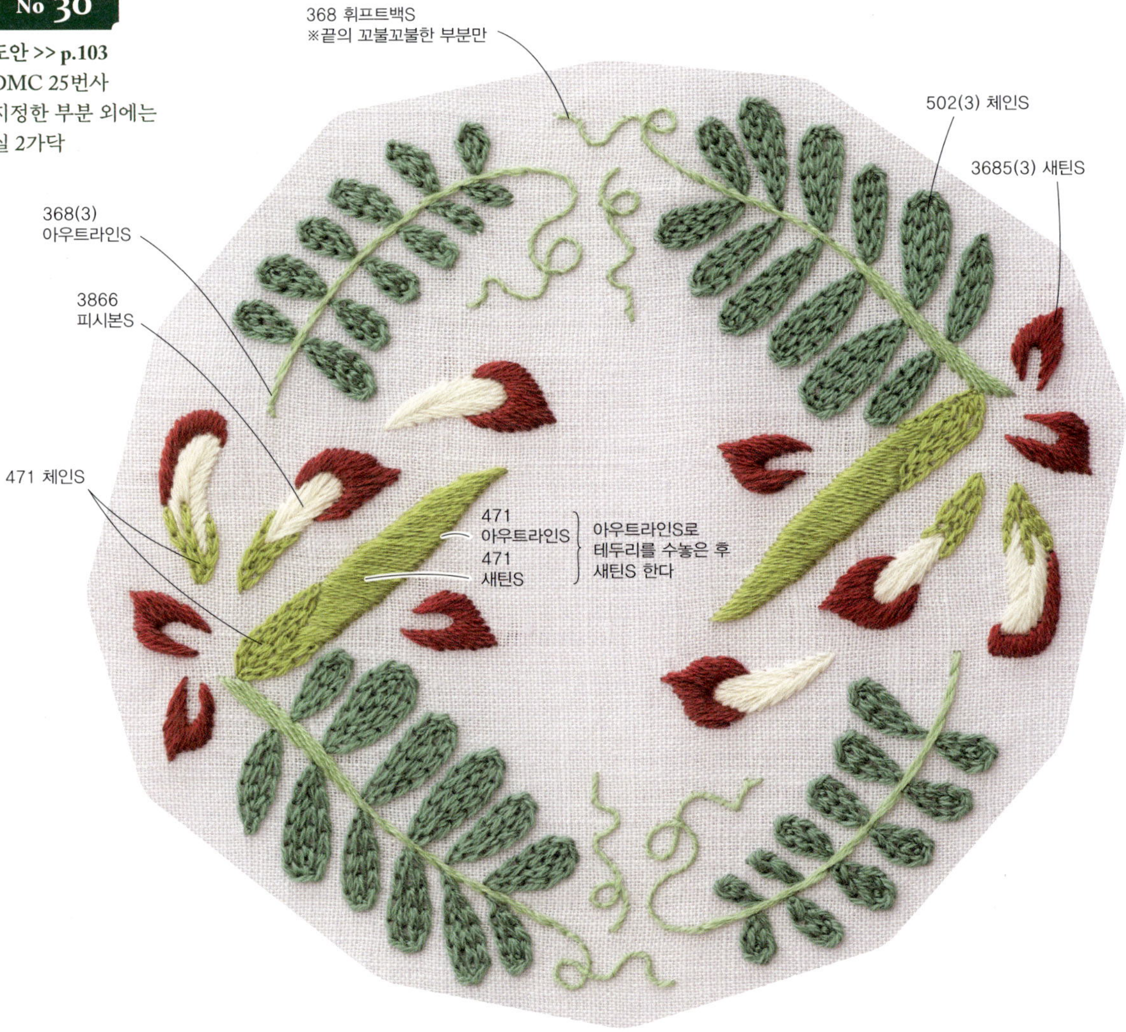

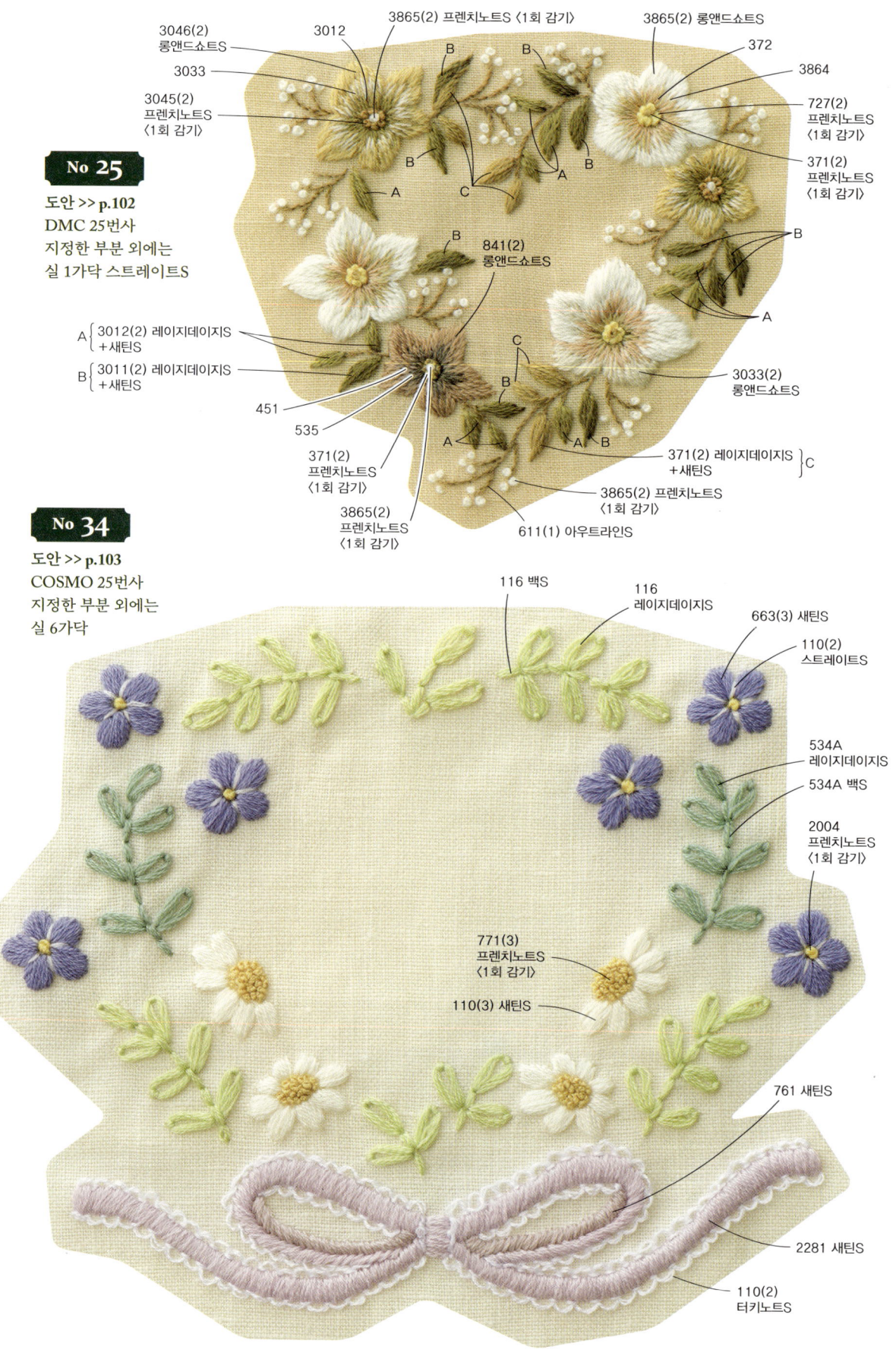

No 32

도안 >> p.104
DMC 25번사
지정한 부분 외에는 새틴S
※D로 시작하는 색상 번호는
디아망DIAMANT

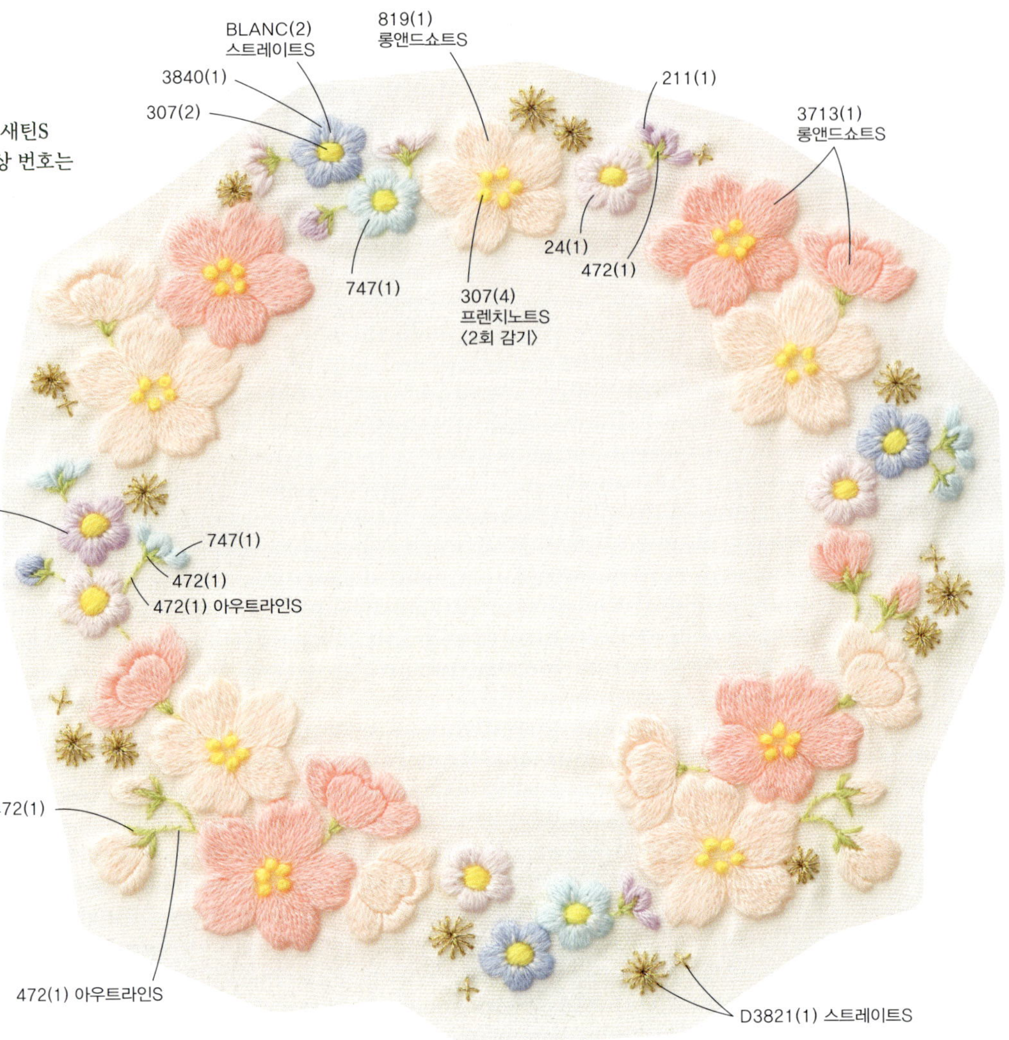

No 27

도안 >> p.105
DMC 25번사
지정한 부분 외에는
실 2가닥

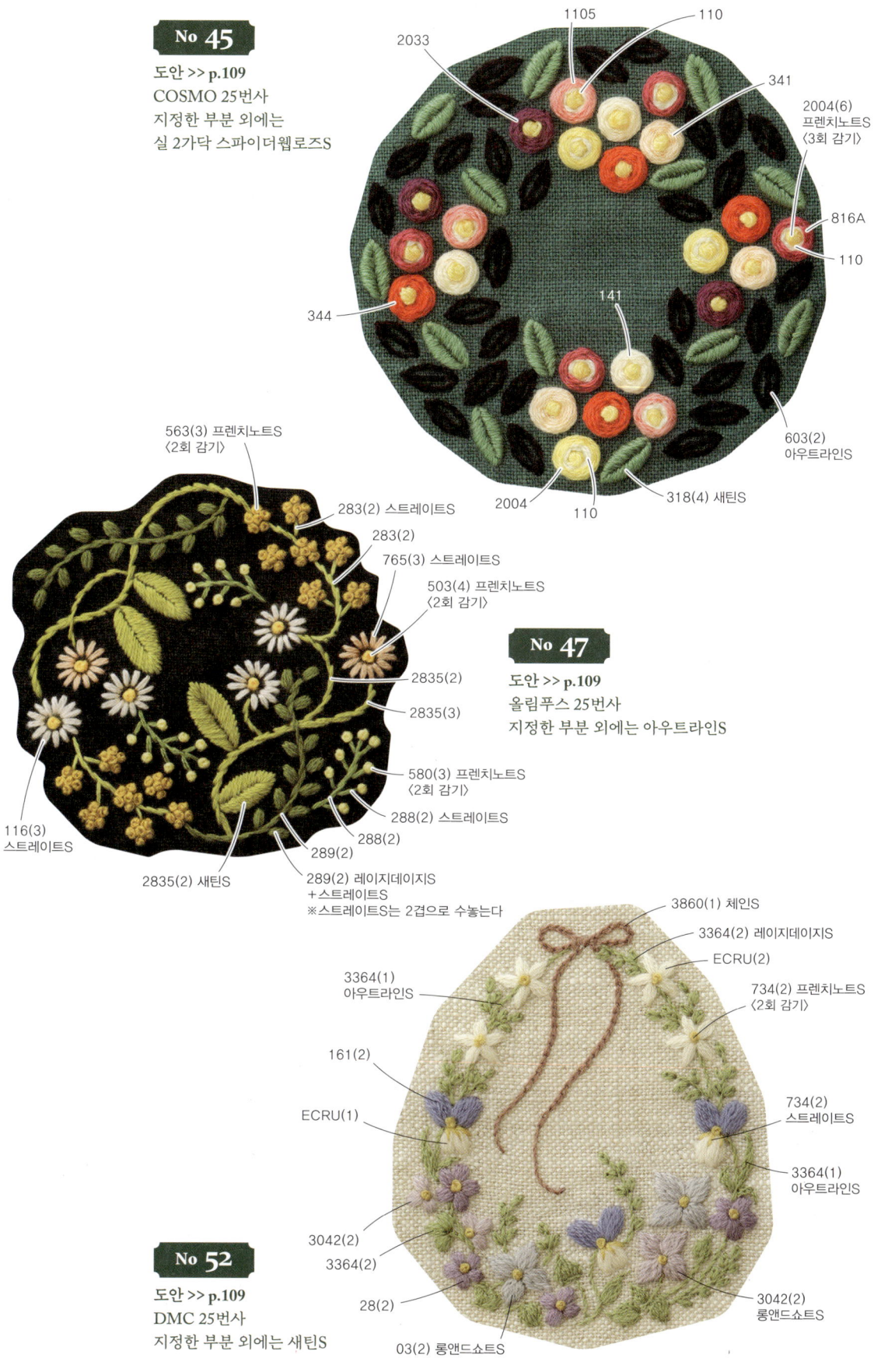

No 51

도안 >> p.109
올림푸스 25번사
지정한 부분 외에는
실 2가닥 체인S

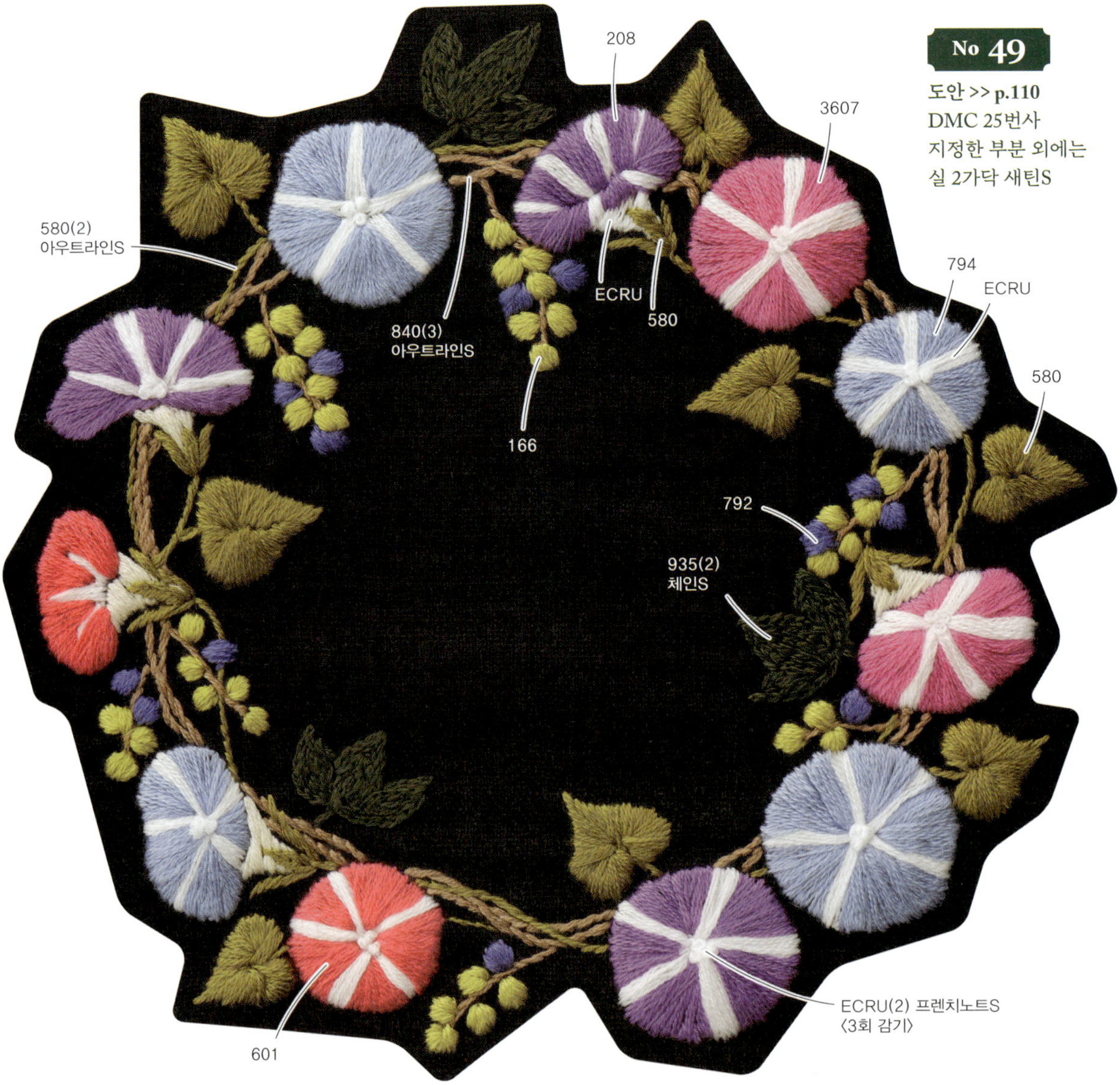

- 512(3) 아우트라인S
- 432(2) 백S
- 432(2) 아우트라인S
- 850(3) 스파이더웹로즈S
- 432(2) 새틴S
- 580
- 287
- 850(3) 프렌치노트S 〈2회 감기〉

No 49

도안 >> p.110
DMC 25번사
지정한 부분 외에는
실 2가닥 새틴S

- 208
- 3607
- 580(2) 아우트라인S
- 794
- ECRU
- 840(3) 아우트라인S
- ECRU
- 580
- 166
- 580
- 792
- 935(2) 체인S
- 601
- ECRU(2) 프렌치노트S 〈3회 감기〉

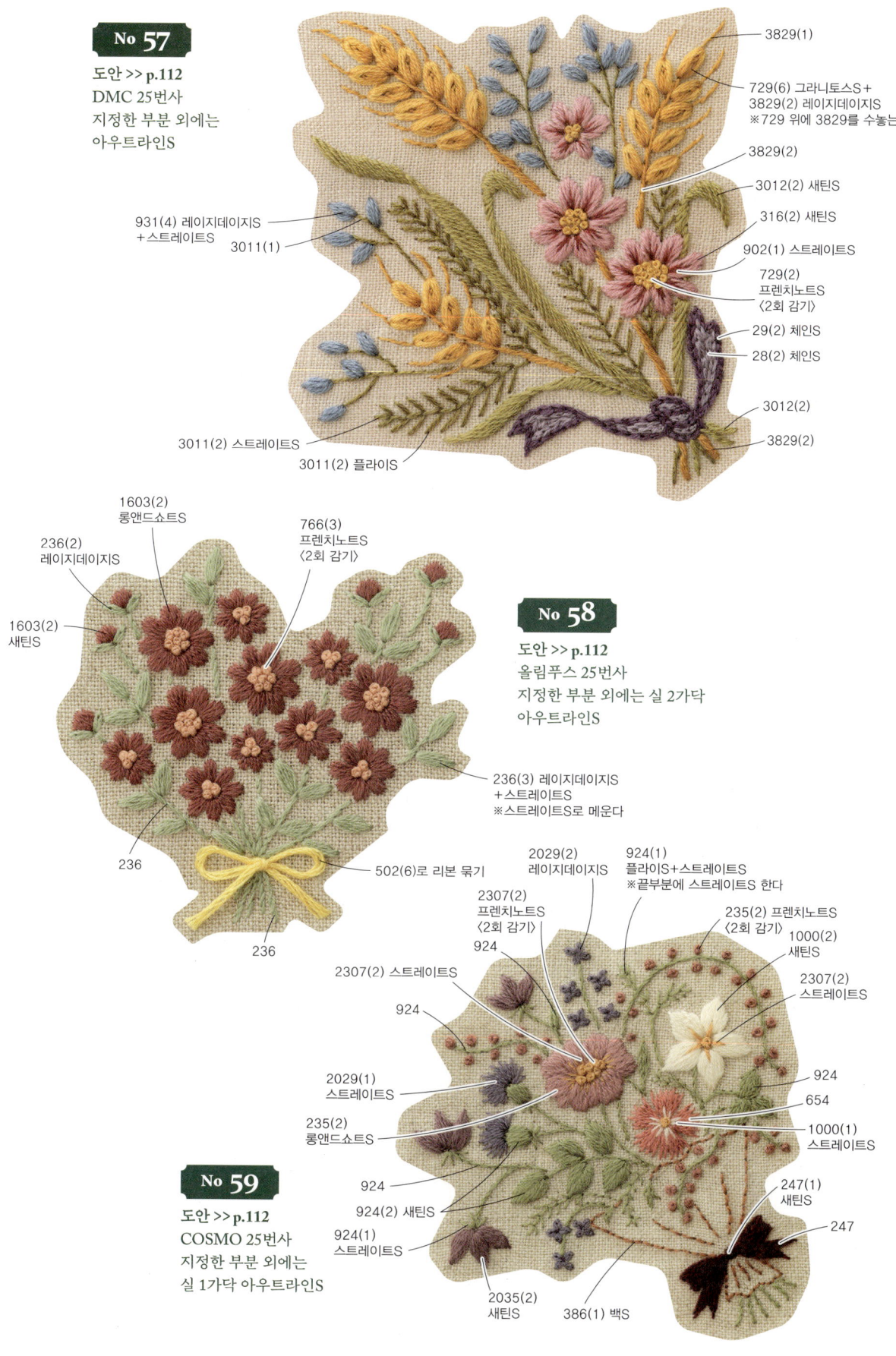

No 60

도안 >> p.112
DMC 25번사
전부 실 2가닥,
지정한 부분 외에는 새틴S

No 65

도안 >> p.113
COSMO 25번사
지정한 부분 외에는 체인S

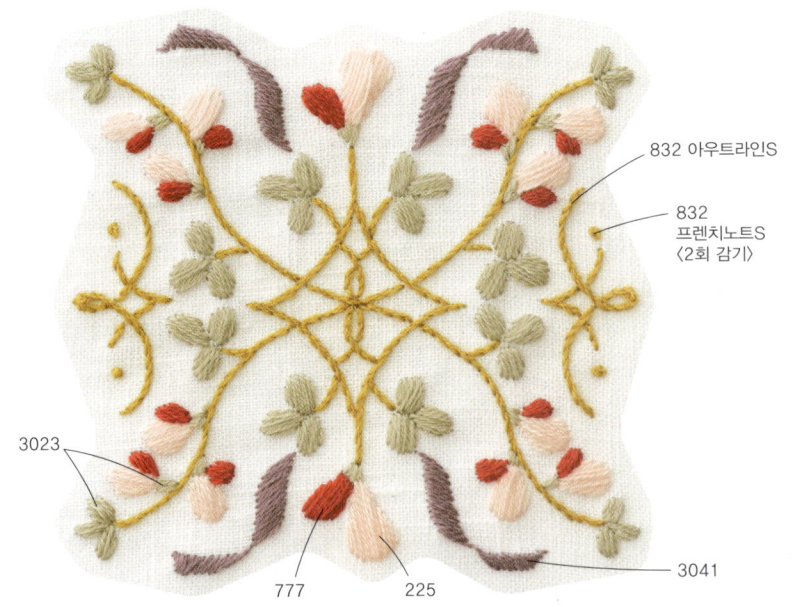

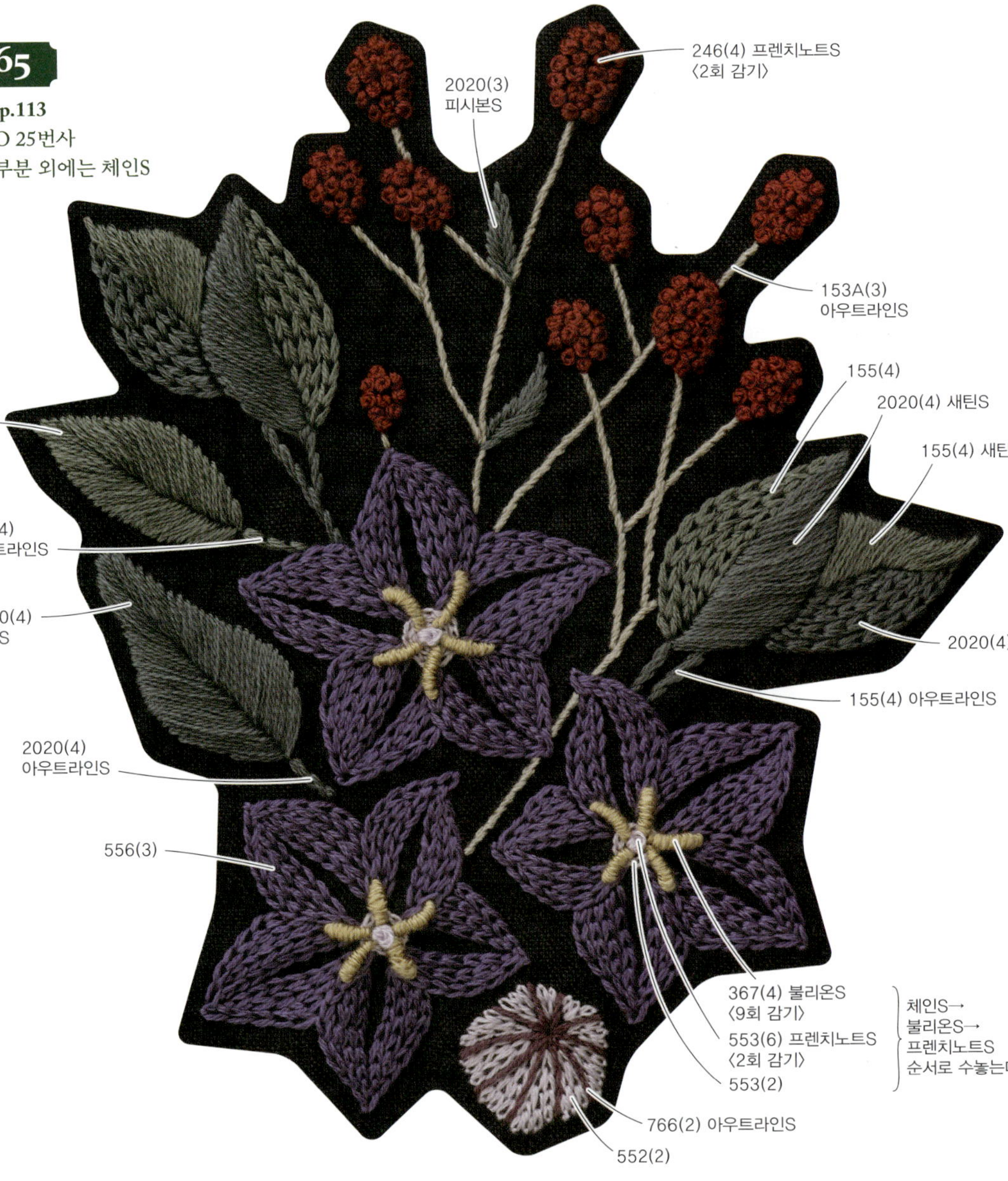

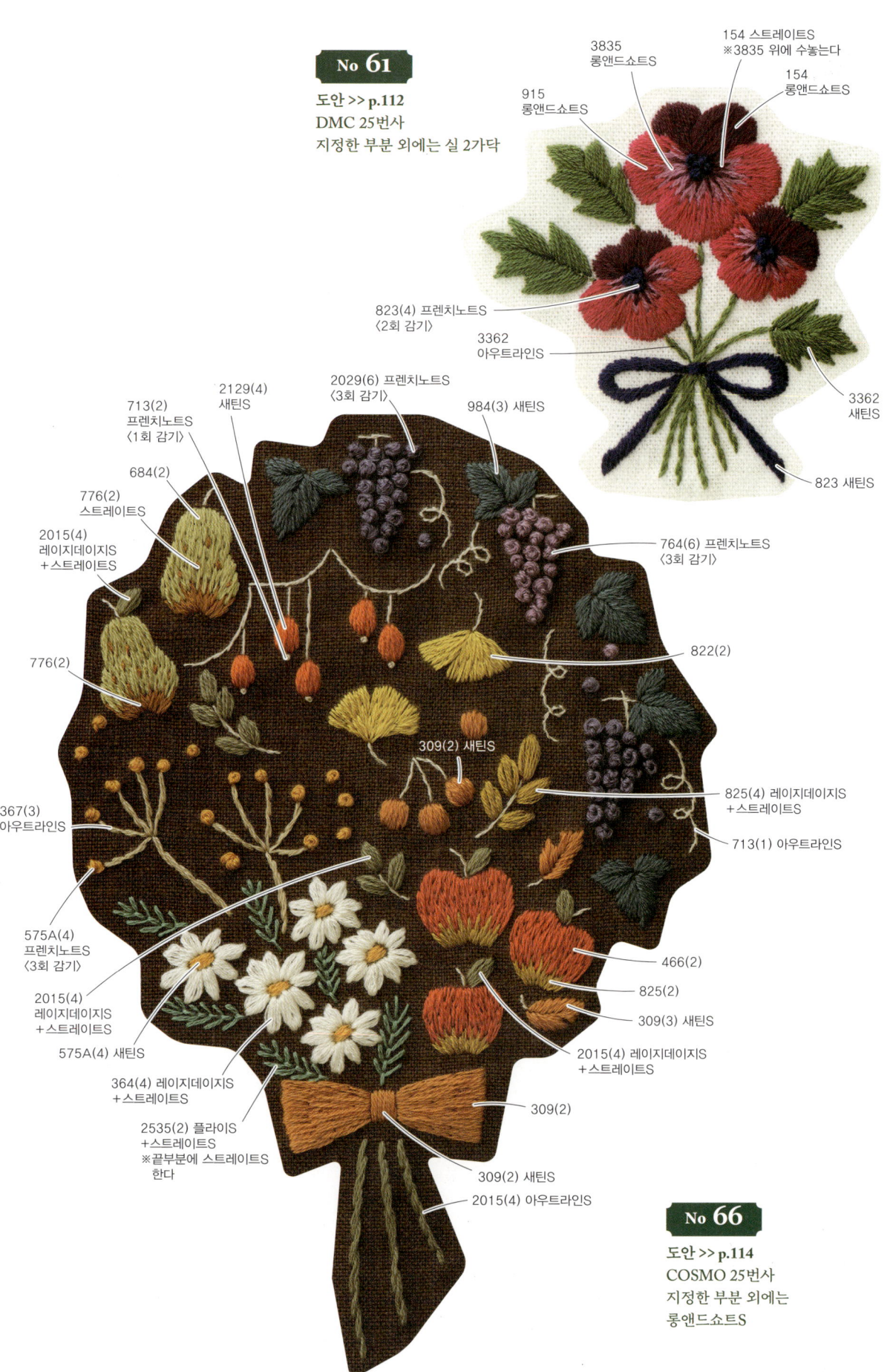

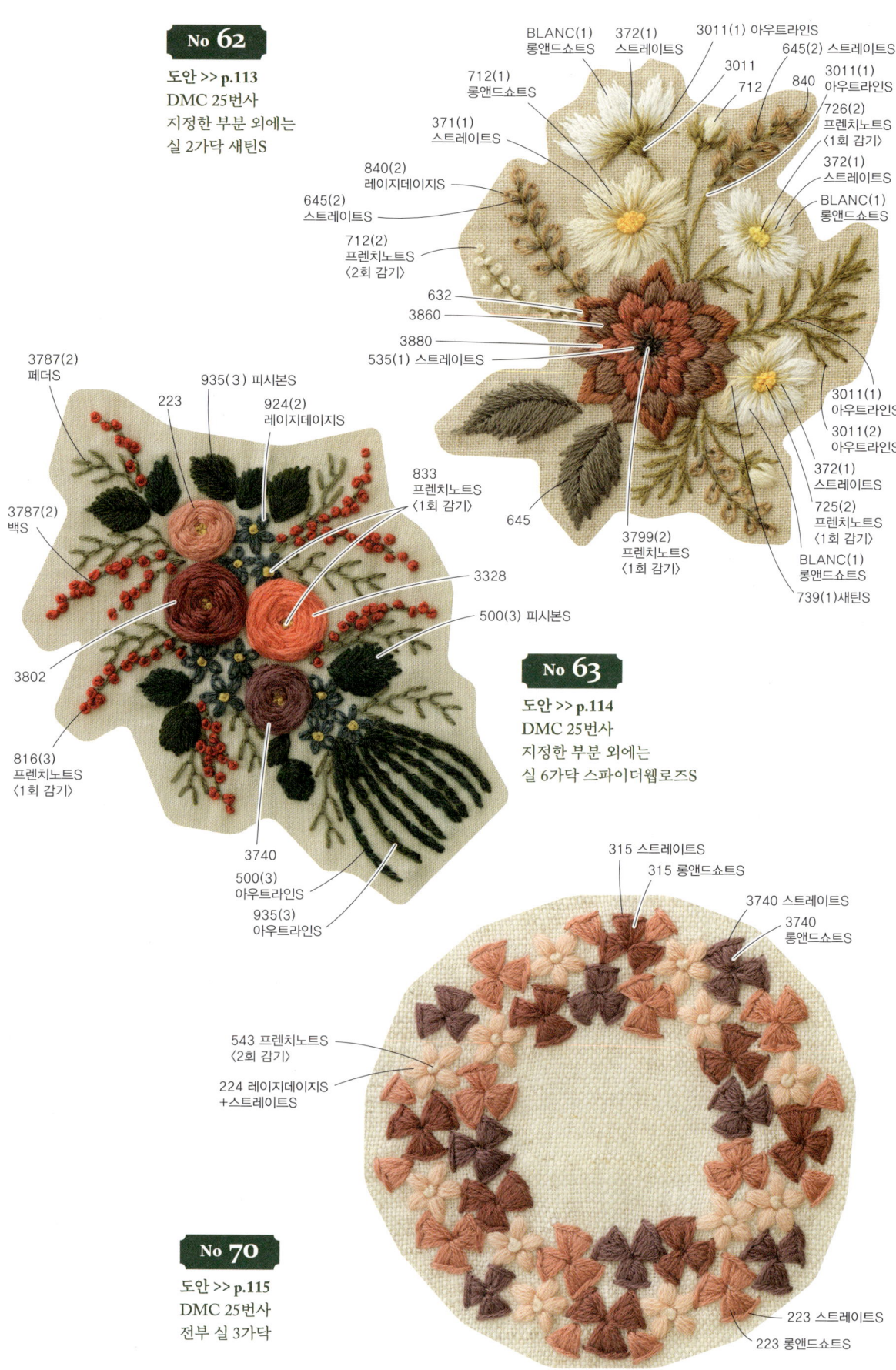

No 75

도안 >> p.117
올림푸스 25번사
지정한 부분 외에는 레이지데이지S

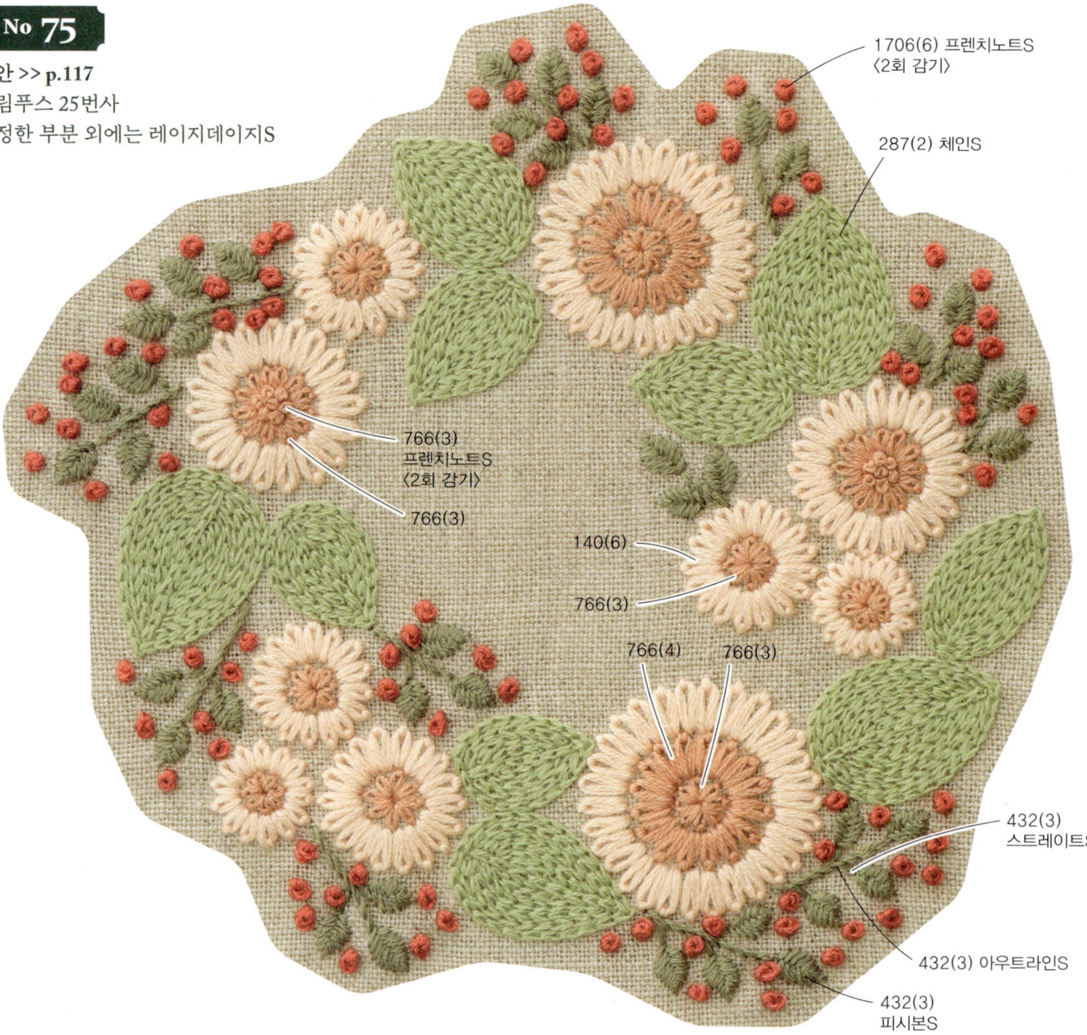

- 1706(6) 프렌치노트S 〈2회 감기〉
- 287(2) 체인S
- 766(3) 프렌치노트S 〈2회 감기〉
- 766(3)
- 140(6)
- 766(3)
- 766(4)
- 766(3)
- 432(3) 스트레이트S
- 432(3) 아우트라인S
- 432(3) 피시본S

No 74

도안 >> p.116
DMC 25번사
지정한 부분 외에는
실 6가닥 프렌치노트S 〈1회 감기〉

- 3790(2) 아우트라인S
- 3740
- 500(3) 새틴S
- 930

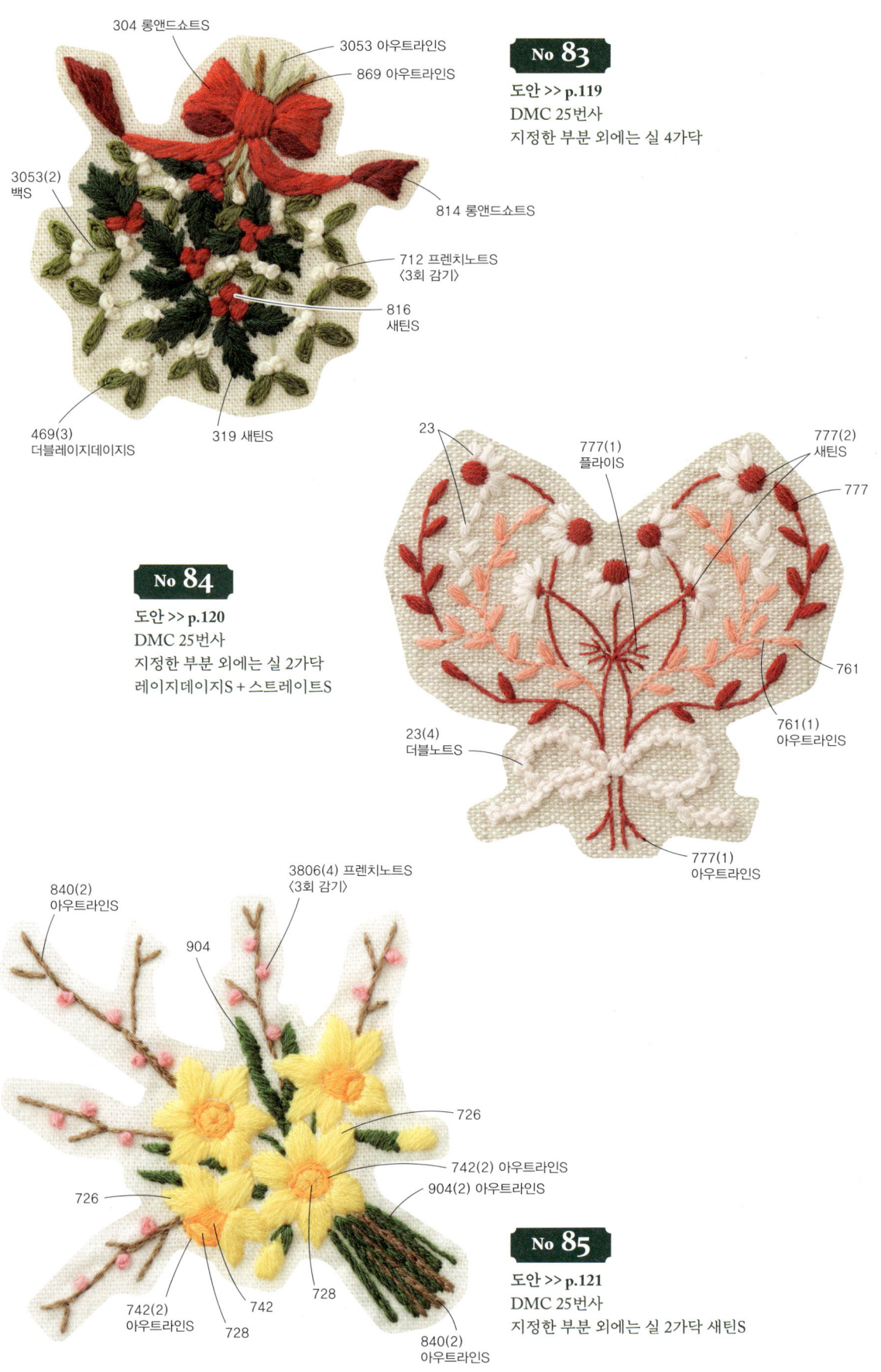

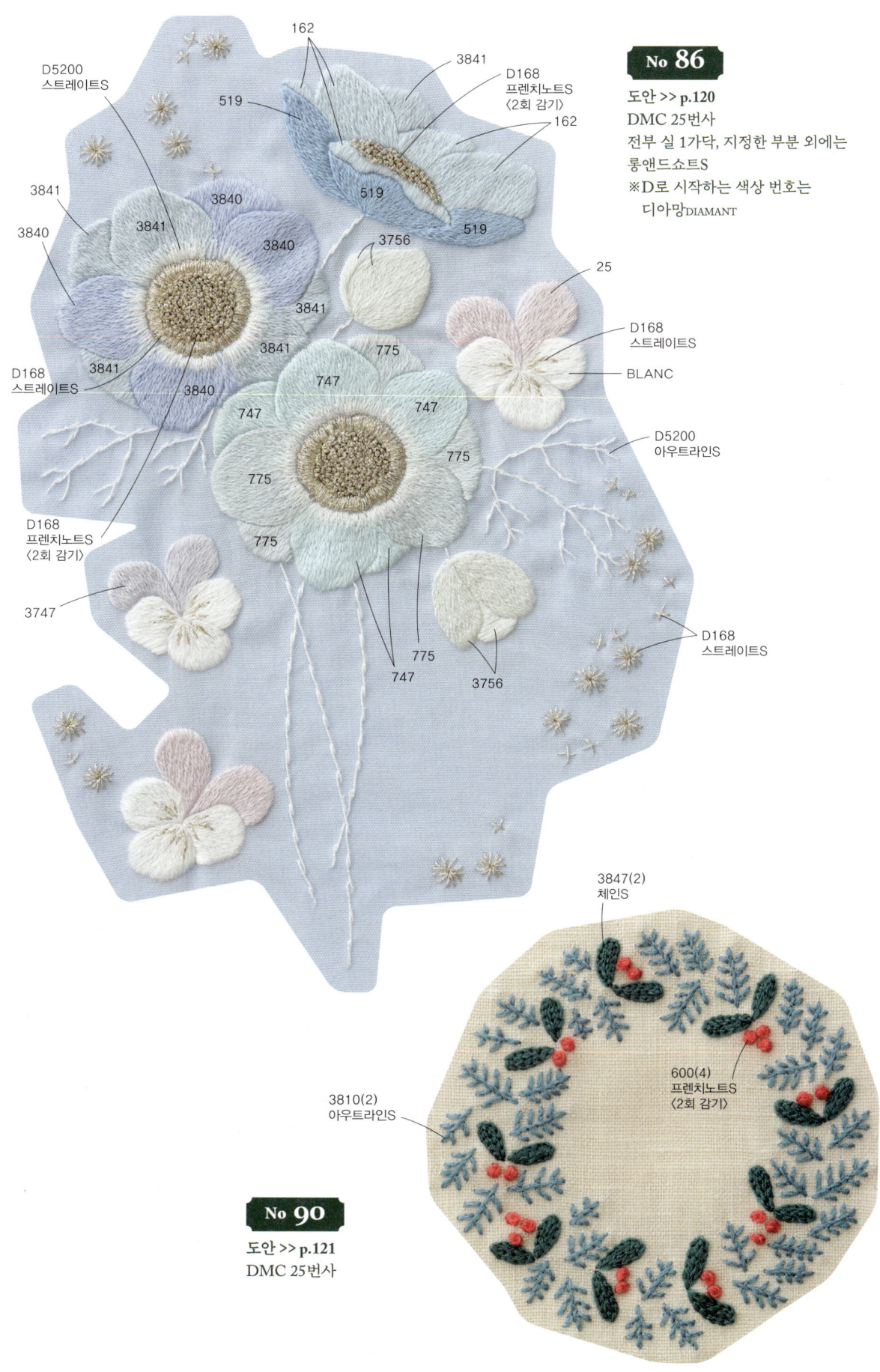

No 87

도안 >> p.121
COSMO 25번사
지정한 부분 외에는 실 3가닥 아웃라인S

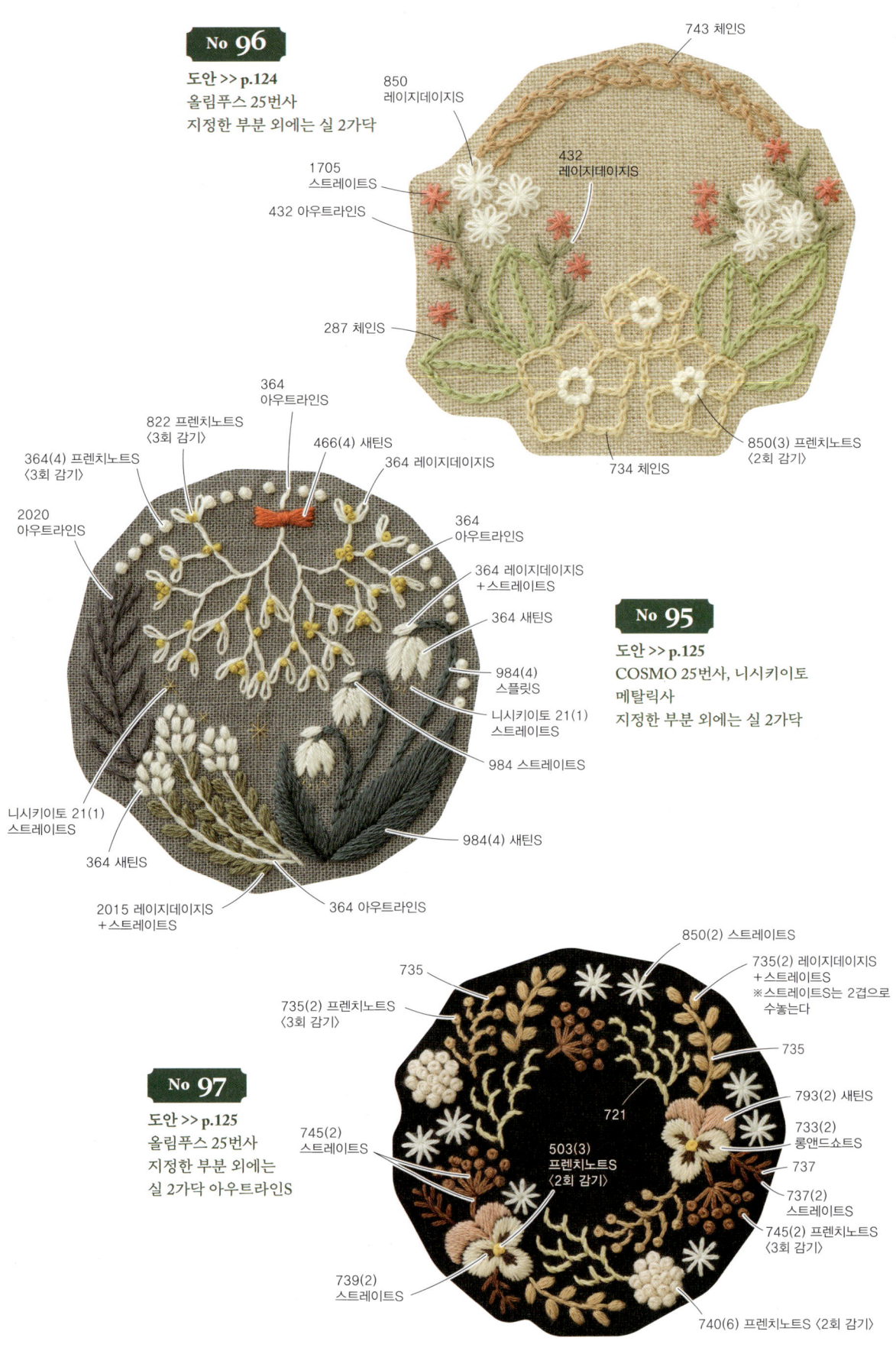

실물 크기 도안

* 전부 100% 크기로 실었습니다.
* 사용하는 자수실의 색상 번호와 스티치는 각 도안의 지정 페이지를 참조하세요.

No 02
how to >> p.50

No 01
how to >> p.51

No 04
how to >> p.51

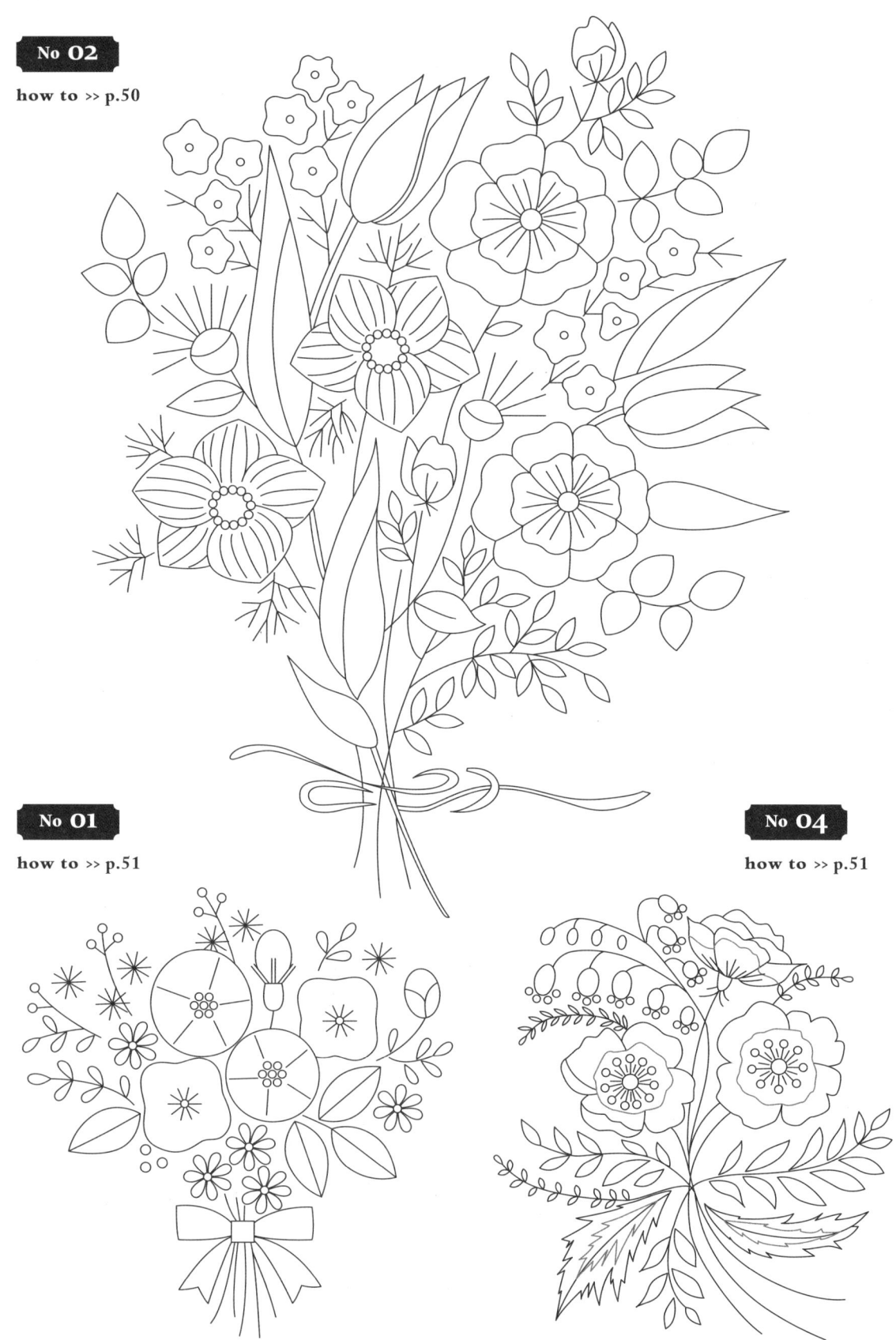

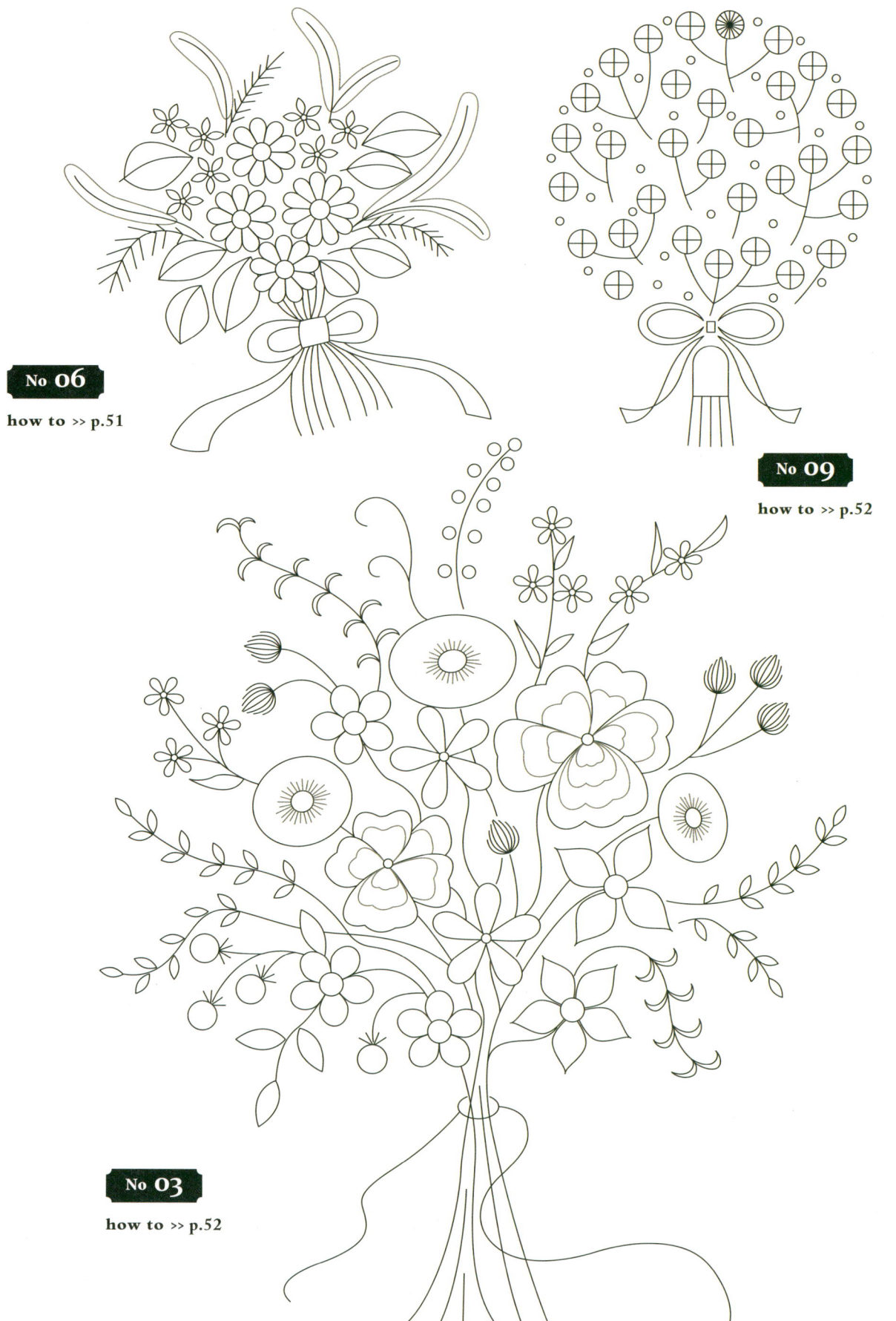

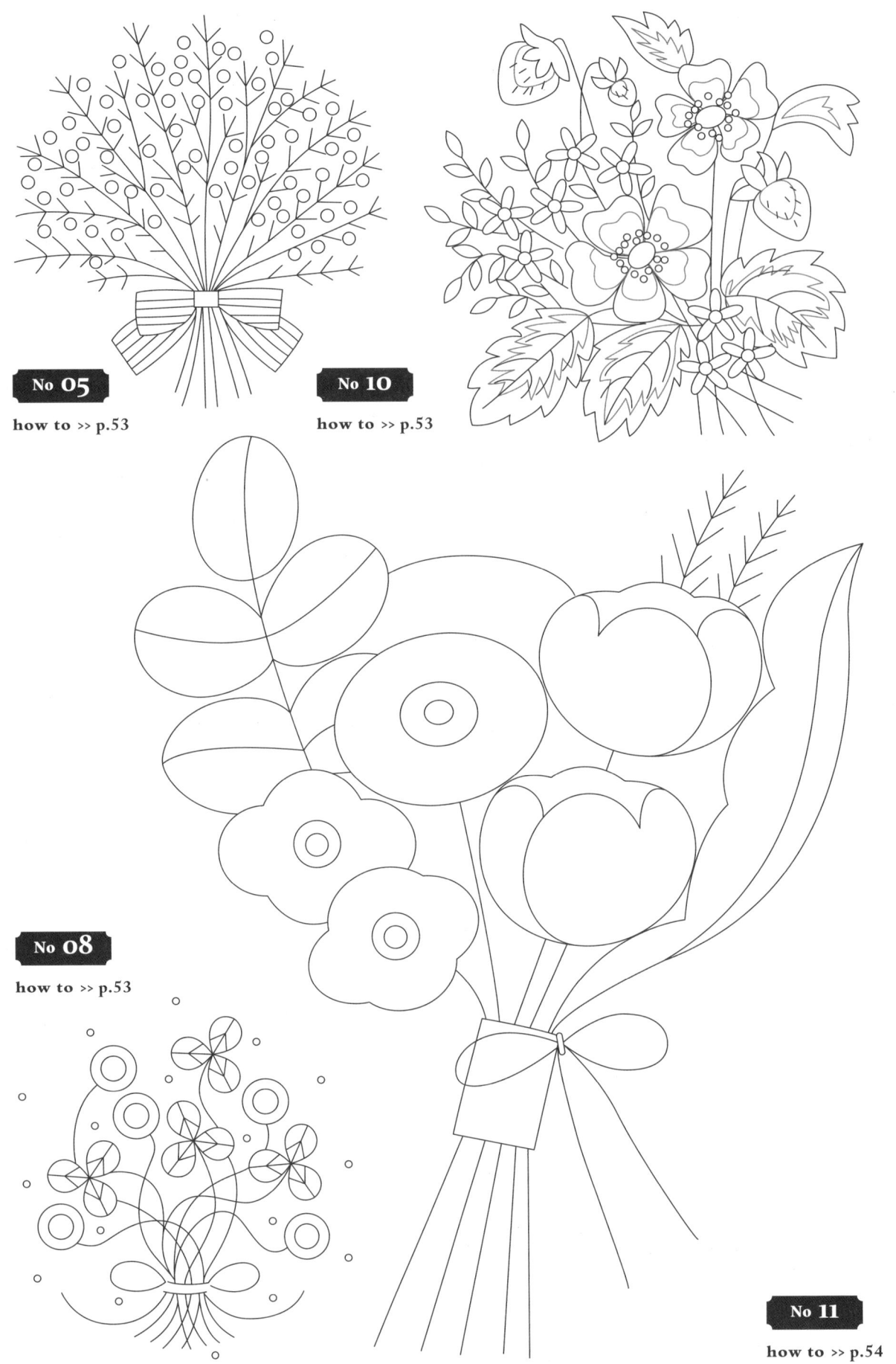

No 07
how to >> p.54

No 12
how to >> p.55

No 14
how to >> p.55

No 21

how to >> p.58

No 20

how to >> p.58

No 24

how to >> p.59

No 29

how to >> p.60

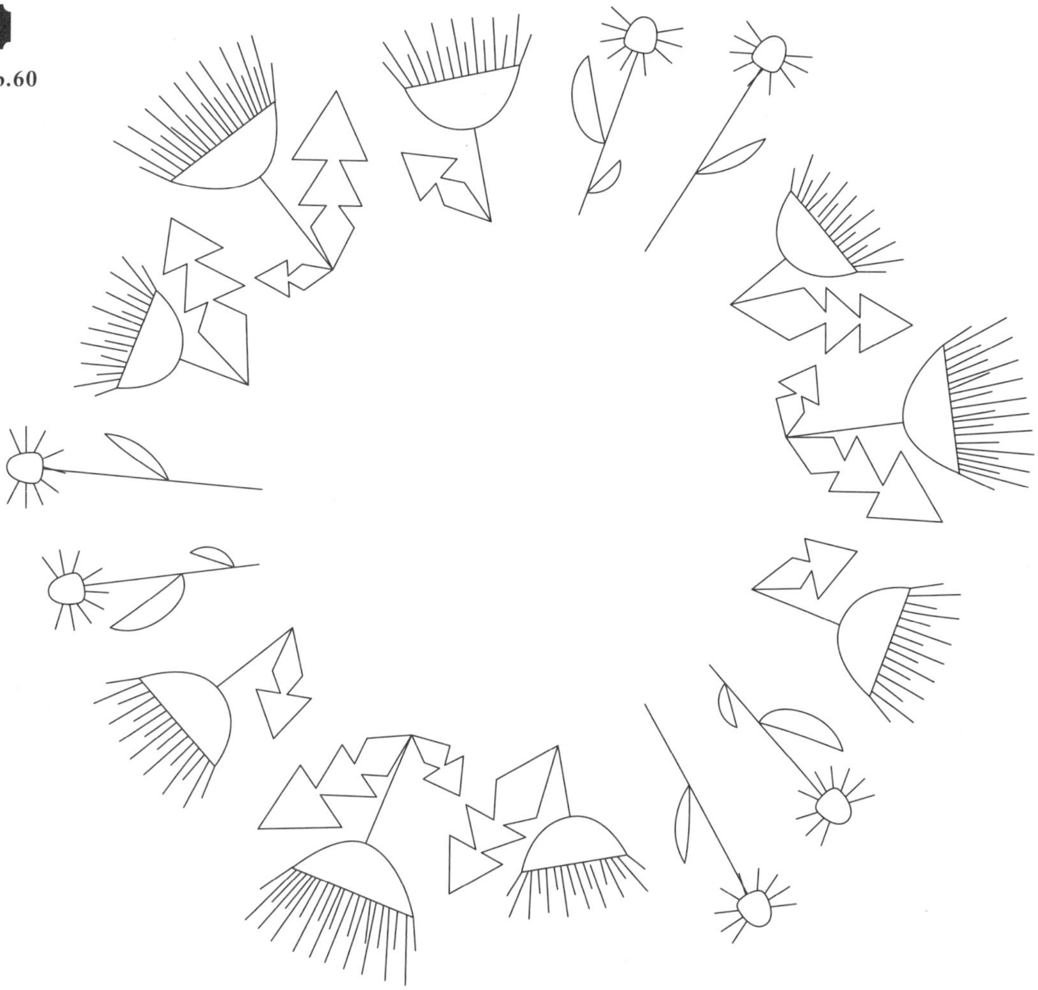

No 23

how to >> p.60

No 19

how to >> p.61

No 28

how to >> p.61

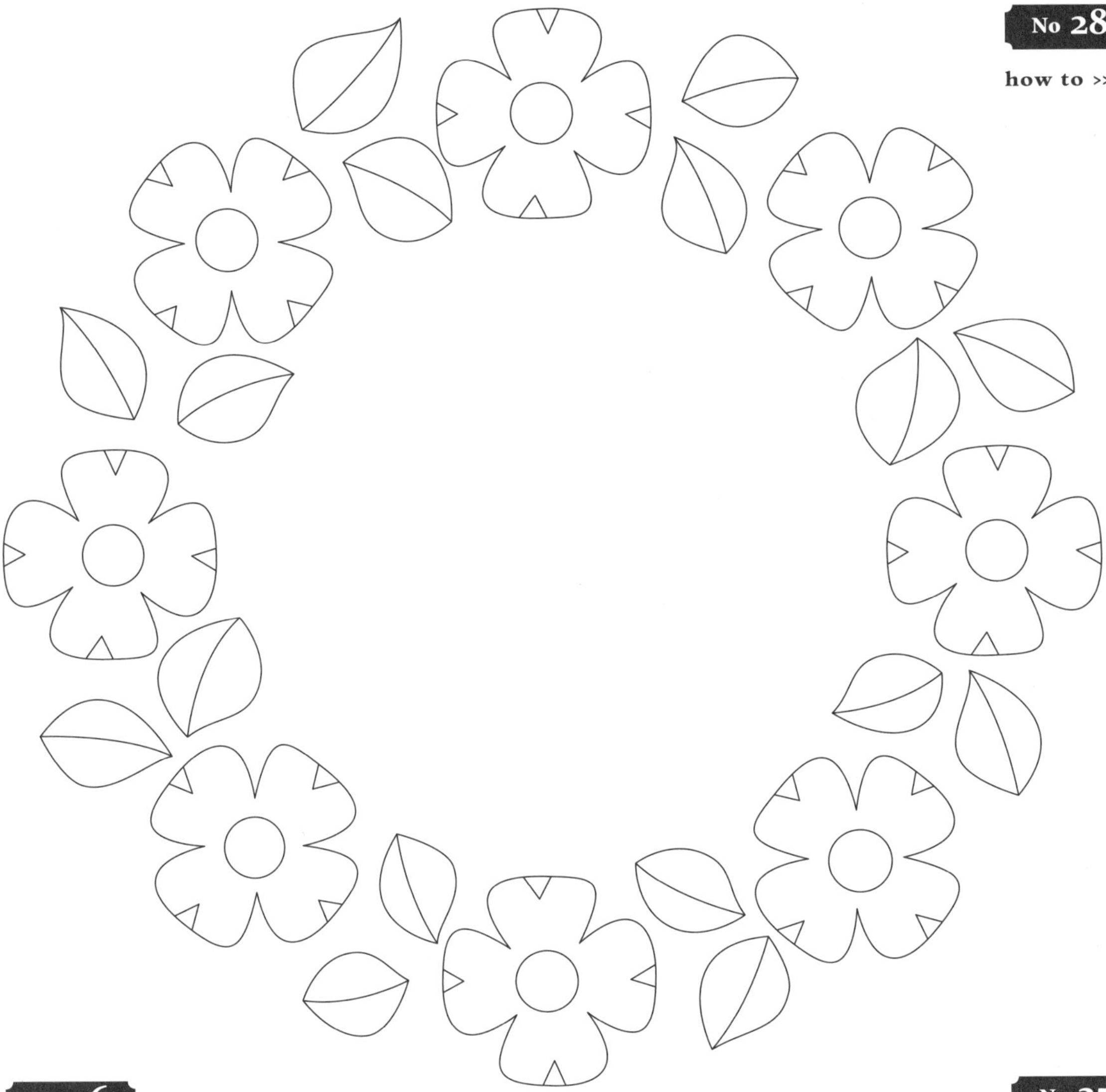

No 26

how to >> p.62

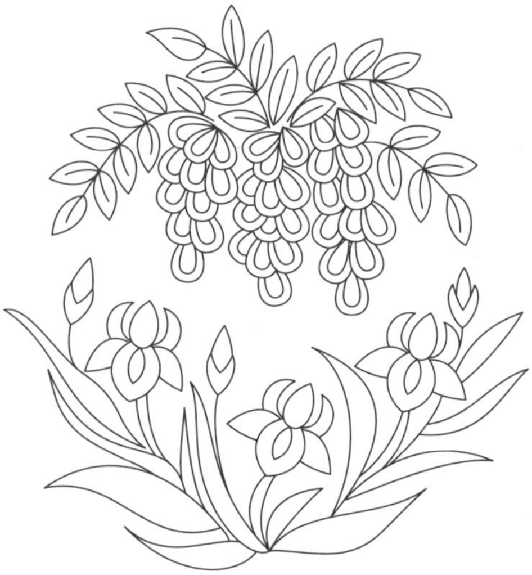

No 25

how to >> p.63

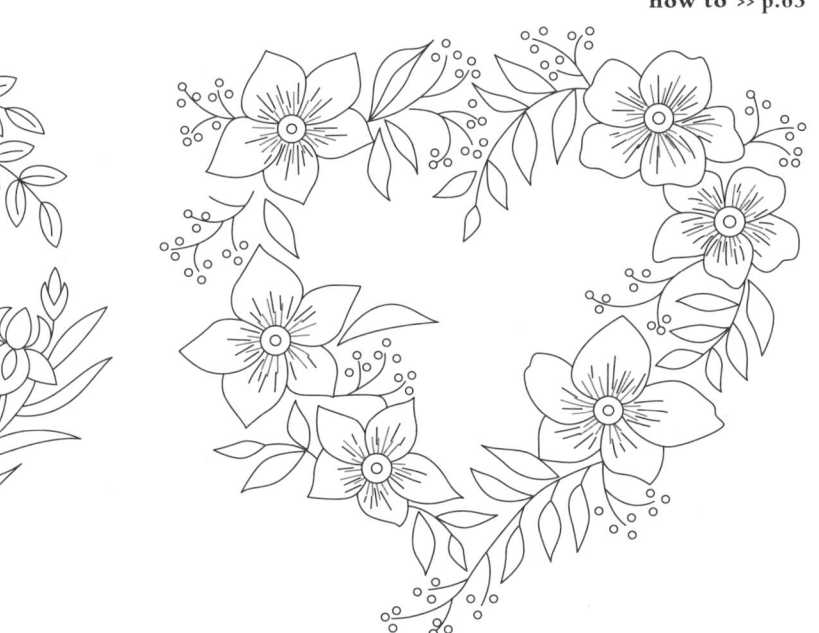

№ 30

how to >> p.62

№ 34

how to >> p.63

[봄 리스]

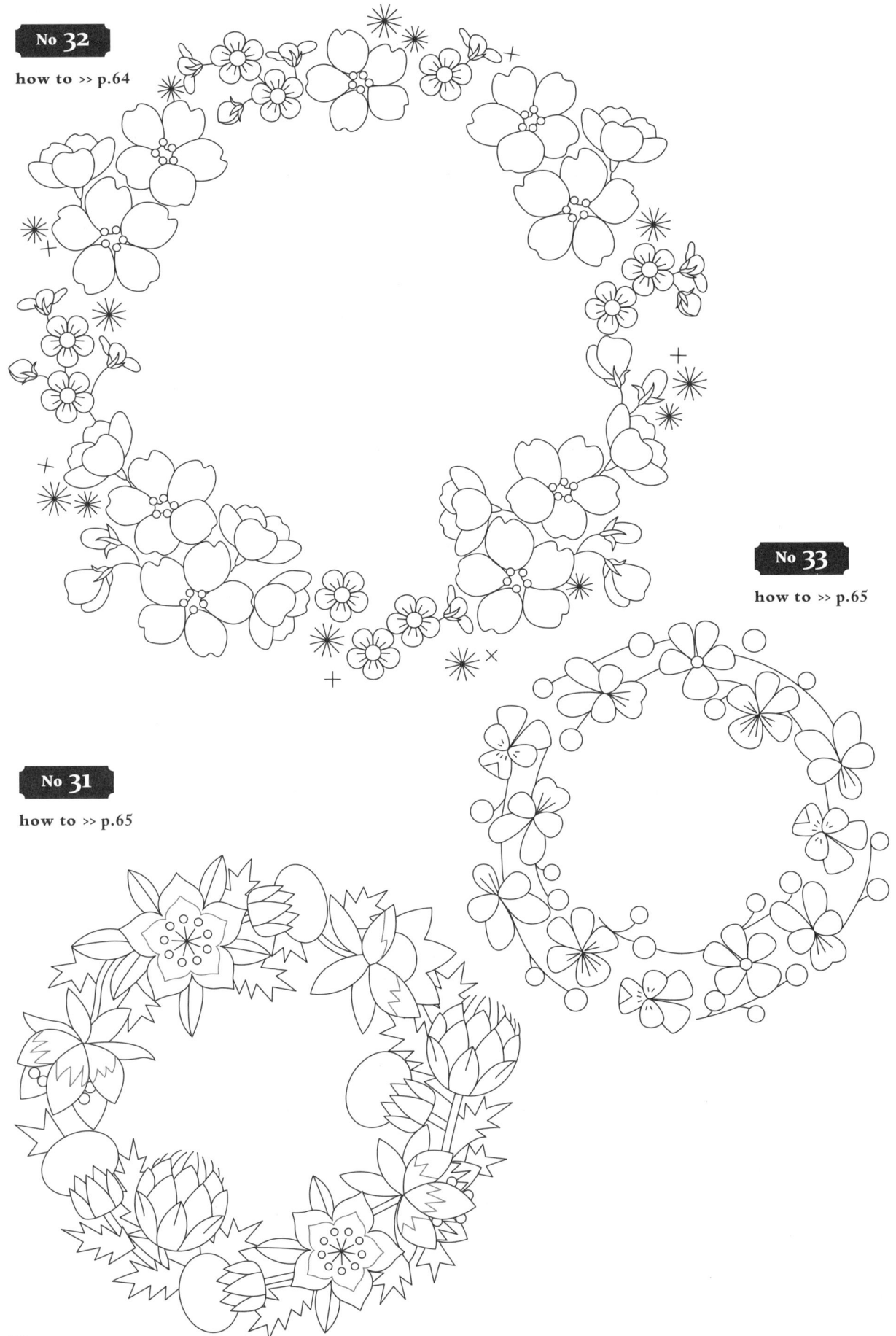

No 37

how to >> p.66

No 38

how to >> p.67

No 42

how to >> p.68

No 40

how to >> p.67

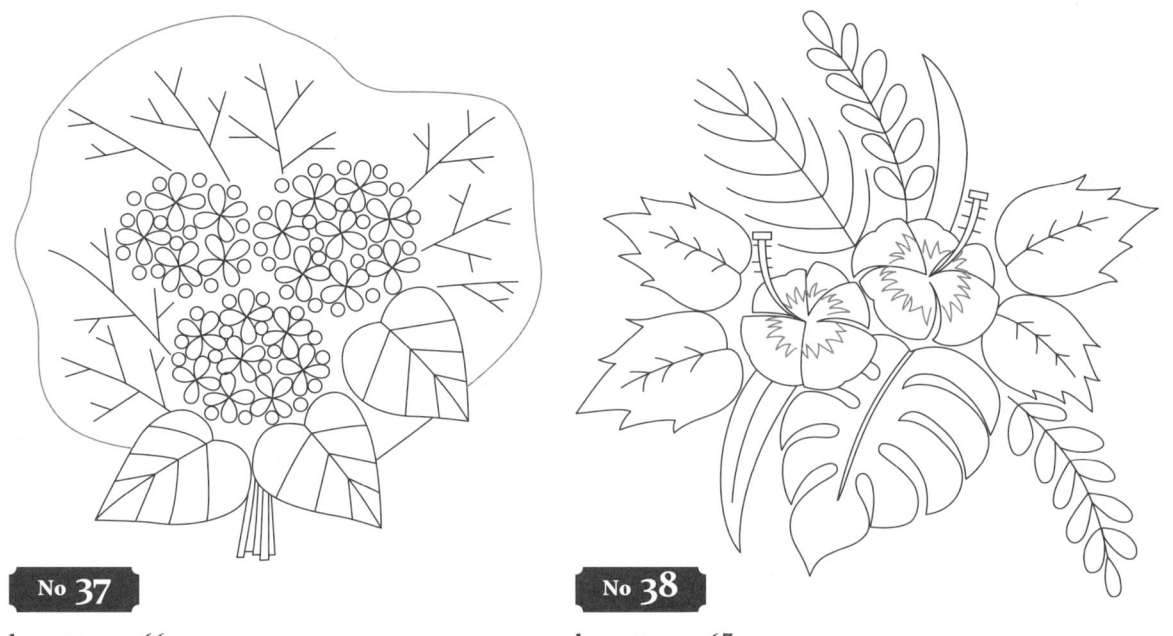

No 44

how to >> p.69

No 46

how to >> p.70

No 48

how to >> p.70

No 45
how to >> p.71

No 47
how to >> p.71

[여름 리스]

No 52
how to >> p.71

No 51
how to >> p.72

No 55

how to >> p.73

【여름 리스】

【가을 부케】

No 53

how to >> p.74

No 56

how to >> p.74

No 57

how to >> p.75

No 58

how to >> p.75

No 59

how to >> p.75

No 60

how to >> p.76

No 61

how to >> p.77

No 65

how to >> p.76

[가을 부케]

No 62

how to >> p.79

No 64

how to >> p.78

No 69

how to >> p.81

No 77

how to >> p.83

【가을 리스】

No 75

how to >> p.82

117

No 76

how to >> p.83

No 80

how to >> p.85

No 81

how to >> p.85

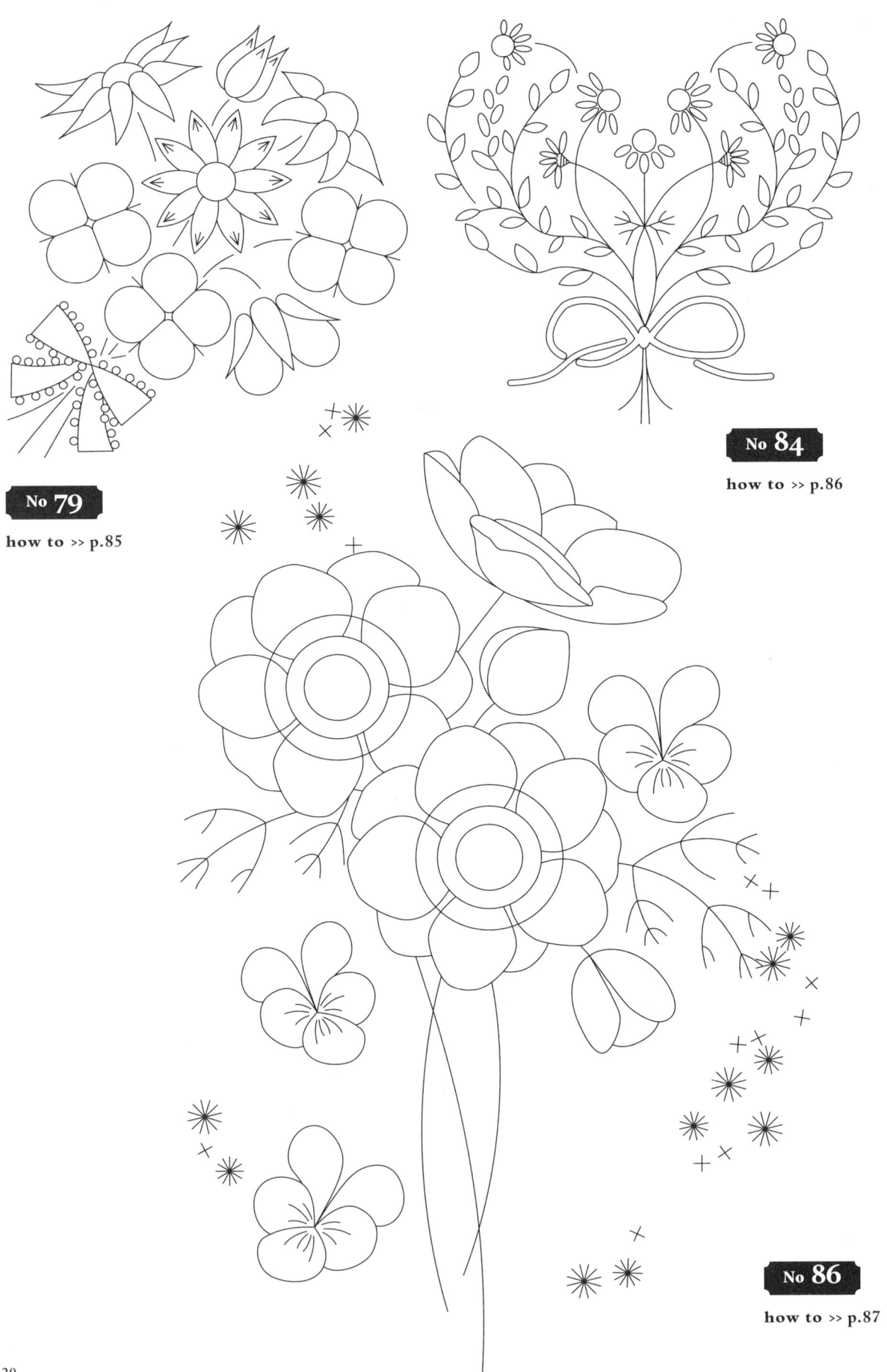

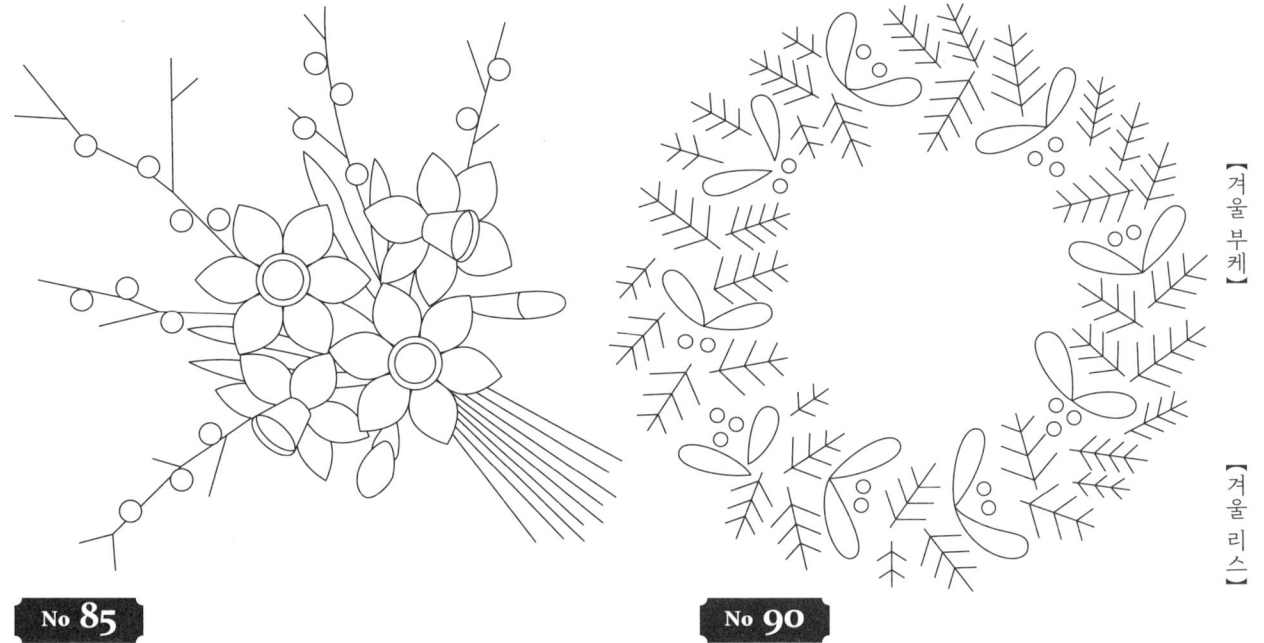

No 85
how to >> p.86

[겨울 부케]

No 90
how to >> p.87

[겨울 리스]

No 87
how to >> p.88

№ 93
how to >> p.90

[겨울 리스]

№ 94
how to >> p.91

[겨울 리스]

No 99
how to >> p.92

No 95
how to >> p.93

No 97
how to >> p.93

작가 프로필

◆ R4
할머니의 영향을 받아 어릴 때부터 뭔가를 직접 만들고 싶어서 자수를 시작했다. 풀꽃 자수를 중심으로 좋아하는 색을 조합해 계절감을 살린 액세서리와 패브릭 소품 등의 작품을 만들고 있다.
https://www.instagram.com/r04r04/

◆ atelier de nora
들꽃을 모티프로 한 자수 작품을 디자인 및 제작하며 이벤트와 기획전에서 작품을 판매한다. 자수 교실을 주최하고 워크숍에서 강사를 맡고 있기도 하다. 저서로《색과 도안의 조합으로 더욱 즐겁다! 봄여름가을겨울 식물 자수로 장식하는 옷과 소품色や図案の組みあわせで、もっと楽しい!春夏秋冬。ボタニカル刺繡で彩る服と小物》등이 있다.
https://www.instagram.com/atelier_de_nora/

◆ 아틀리에*노트
풀꽃을 모티프로 해서 한 땀 한 땀 마음을 담아 수놓은 독창적인 가방과 패브릭 소품을 제작 및 판매한다. 핸드메이드의 온기를 느끼며 오래 사용할 수 있는 작품을 만드는 데 힘쓰고 있다.
https://www.atelier-note.com/
https://instagram.com/tomo_atelier

◆ un peu
'일상의 멋에 자수 꽃을 더하자'를 콘셉트로, 꽃 모티프를 중심으로 평소에 쉽게 사용할 수 있는 손자수 액세서리를 제작하고 있다.
https://www.instagram.com/unpeu_c/

◆ itonohaco
'성인 여성을 위한 핸드메이드'를 콘셉트로 2015년부터 자수 작가로 활동하고 있다. 프랑스와 일본 간토 지역을 중심으로 한 매장과 온라인 쇼핑몰에서 작품을 판매하고 있다.
https://minne.com/@mimi2
http://instagram.com/itonohaco

◆ itonomori
작은 꽃을 중심으로 한 자수 브랜드 'itonomori'는 스토리를 느낄 수 있는 다정하고 따뜻한 색을 조합한 작품을 제작한다. 개인전이나 기획전에서 작품을 판매하는 한편 서적 등에 작품이나 도안을 제공하는 등 여러 방면에서 활약하고 있다. 저서로《숲에 관한 이야기로 만드는 자수 액세서리와 소품森の物語で紡ぐ刺しゅうのアクセサリーと小物》등이 있다.
https://instagram.com/itonomori_/

◆ Awj handmade
자수는 남편, 바느질은 아내가 담당하는 자수 작가. 핸드메이드에서만 느낄 수 있는 온기를 의식한 작품 만들기에 힘쓰고 있다. 단순하지만 포근한 느낌을 주고 성숙해 보이면서도 귀여운 작품을 선보이려 한다.
https://awjhandmade.com

◆ ACE embroidery
자수를 독학으로 터득해 독자적인 기법 '오건디 자수'를 중심으로 작품을 만들고 있다. 꽃이나 식물을 모티프로 해서 아름답고 사랑스러운 느낌을 표현한다. 2022년 자수의 즐거움을 많은 사람과 공유하기 위해 유튜브 채널 활동을 시작했다. 저서로는《오건디 자수—아름다운 꽃 모티프로 만드는 액세서리オーガンジー刺繡 美しい花モチーフのアクセサリー》가 있다.
https://www.instagram.com/__aceembroidery_/
https://www.youtube.com/@aceembroidery5916

◆ kaitoandkite
유럽의 앤티크처럼 향수를 불러일으키는 디자인을 의식해서 자수 작품을 제작하는 한편 온라인 레슨에서 자수 강사를 맡고 있다. 하늘 높이 날아오르며 즐거움을 주는 연처럼 실로 이어 즐거움과 기쁨을 느낄 수 있는 작품 만들기를 지향한다.
https://www.instagram.com/kaitoandkite/

◆ 기타무라 에리北村絵里
학창 시절에 자수를 처음 접하며 작품을 만들기 시작했다. 자수 책이나 수예 잡지에 디자인 및 작품을 제공하는 한편 수예 제조사의 자수 키트 감수, 자수 액세서리 브랜드 'coL'의 제작 판매 등 폭넓은 분야에서 활동하고 있다. 저서로는《coL의 작은 자수coLの小さな刺しゅう》가 있다.
https://www.instagram.com/col_embroidery/

◆ 긴세이소나타金星ソナタ
독학으로 손자수를 시작했으며 주로 풀이나 나무, 꽃을 모티브로 한 작품을 제작한다.
https://www.instagram.com/artlium39/

◆ K.omono
2015년부터 독학으로 자수 액세서리를 제작해왔다. 'piece 오리지널 자수 키트' 등 직접 고안한 키트를 일본 전국 수예점에서 판매하고 있다. 일상에서 자연스럽게 종이와 펜을 쓰듯이, 순간의 기분이나 감각에 따라 바늘과 실을 손에 쥔다. 아날로그의 매력에 푹 빠져 개성을 살린 작품을 만들고 있다.
https://www.instagram.com/k.omono/

♦ 곤도 미카코 近藤実可子
자수의 자유로움에 마음이 끌려서 실로 그림을 그리거나 추상적인 예술 작품을 표현하고 있다. 실 한 가닥을 이용한 섬세한 표현이 특기이며 자수 기법에 따라 질감까지 살려가며 형태를 만든다.
https://www.instagram.com/mikako_kondo/

♦ 사사키 미에코 ささきみえこ
자수 작품을 제작하는 한편 문화센터 및 워크숍 등에서 강의하고 있으며 일러스트레이터로도 활동 중이다. 자수에 대한 주요 저서로 《작고 귀여운 원포인트 동물자수 400》《자수로 만드는 귀여운 소품》이 국내에 번역 소개되었고, 《풀의 사전 草の辞典》 등에 삽화를 그리기도 했다.
https://www.instagram.com/hanahakka_miekosasaki/
http://sasakimieko.c.ooco.jp/

♦ 시라이 가즈미 シライカズミ
일본수예보급협회 자수강사과를 졸업했으며 삼베를 사용한 작품이 특징이다. ironna happa라는 작가명으로 책이나 잡지에 작품을 제공하며 워크숍을 개최하는 등 다양한 분야에서 활약하고 있다. 저서로는 《ironna happa 자수 꽃 이야기 20 ironna happaの刺しゅう 20の花物語》가《1도안 1스티치로 할 수 있다! 스티치 한 가지로 즐거운 자수1図案1ステッチでできる！1つのステッチでたのしい刺しゅう》 등이 있다.
https://www.ironnahappa.com/
https://www.instagram.com/ironnahappa/

♦ chicchai_chicchai
식물로 가득 채우는 도안과 다채로운 배색을 즐길 수 있는 자수 작품을 제작하고 있다.
https://www.instagram.com/chicchai_chicchai

♦ PieniSieni
일본 펠타트협회 대표이사. 자수틀을 쓰지 않는 오프후프 기법을 이용한 입체 자수를 고안했다. 펠트지에 비즈나 자수를 더해 화려한 꽃과 곤충을 제작하는 것이 특기다. 강사로 활동하며 선펠트 본사에서 후진 강사 양성에 힘쓰고 있다. 일본 문부과학대신상 외 다양한 상을 수상했다. 저서로는 《입체 자수의 꽃과 나비들 立体刺繡の花と蝶々》《PieniSieni의 식물과 동물 자수 PieniSieniの植物と動物の刺繡》 등이 있다.
https://www.instagram.com/pienikorvasieni/
https://pienisieni.exblog.jp/

♦ FABBRICA
일본 문화복장학원을 졸업했으며 복식 디자이너를 거쳐 자수 작가로 활동 중이다. NHK 〈멋지게 핸드메이드 すてきにハンドメイド〉 출연, 통신강좌와 유튜브 자수 채널 등에서 자수 및 수예의 매력을 전하고 있다. 'minne 핸드메이드 어워드'에서 시노하라 도모에상을 수상했다. 공동 저서인 《아이 옷의 원포인트 자수 子供服のワンポイント刺繡》가 있다.
https://www.instagram.com/fabbrica_yaji47/
https://youtube.com/c/FABBRICA-Embroidery

♦ maki maki
일본 오사카예술대학교 미술학과(동판화 전공)를 졸업한 후 2015년부터 자수 작가로 활동하고 있다. '사람의 마음에 다가가는 작품 만들기'를 콘셉트로 삼아 작품으로 힐링을 전하려 한다. 섬세한 자수실과 부드러운 리본 자수를 조합해 만드는 안정적인 세계관이 특징이다. 공동 저서인 《#지금 착용하고 싶은 핸드메이드 액세서리 150#今身につけたいハンドメイドアクセサリー150》이 있다.
https://www.instagram.com/makimaki_embroidery/
https://maki-x-maki.jimdofree.com/

♦ 미우라 나나 三浦名菜
입체 자수의 다채로운 표현에 매력을 느껴서 2017년 자수 활동을 시작했다. 2020년 매거진랜드가 주최한 수예 & 크래프트전에서 최우수상을 수상했으며 같은 해 《작고 귀여운 입체 자수 nana's stitch 小さくてキュートな立体刺繡 nana's stitch》를 출판했다. 자수 테라피 '힐링 자수'를 모토로 삼아 작품을 선보이고 있다.
https://www.instagram.com/nana_embroidery_works/

♦ 라라노하나칸무리 ララの花かんむり (라라의 화관)
'자연에 둘러싸여 사는 작은 소녀 라라가 발견한 좋아하는 식물들'을 콘셉트로 손자수 작품을 제작하고 있다. 어린 시절 자신만의 보물을 찾았을 때 느꼈던 설렘을 어른이 되어도 느낄 수 있는 작품 만들기를 지향한다. 저서로는 《자수로 즐기는 꽃 이야기 계절 액세서리와 소품 刺繡で楽しむ花の物語 季節のアクセサリーと小物》이 있다.
https://lalanohana.base.shop/
https://www.instagram.com/lalanohanakanmuri
https://mobile.twitter.com/lalanohana

Staff

디자인	다카하시 주리(마루산카쿠)
촬영	와다리카(mobiile,inc.)
스타일링	다카하시 유카리
도안	웨이드WADE 수예제작부
스티치 일러스트	와타나베 리리카(Pear Fields)
교정	시신샤西進社
편집협력	쓰루도메 마사요

SHOKUBUTSU SHISHU ZUKAN WREATH TO BOUQUET
Edited by KAWADE SHOBO SHINSHA Ltd. Publishers
Copyright © KAWADE SHOBO SHINSHA Ltd. Publishers, 2022
All rights reserved.
Original Japanese edition published by KAWADE SHOBO SHINSHA Ltd. Publishers
Korean translation copyright © 2024 by JIGEUMICHAEK
This Koean edition published by arrangement with KAWADE SHOBO SHINSHA Ltd.
Publishers, Tokyo, through Office Sakai and BC Agency

이 책의 한국어판 저작권은 BC에이전시를 통해 저작권자와 독점계약을 맺은 지금이책에 있습니다.
저작권법에 의해 한국 내에서 보호를 받는 저작물이므로 무단전재와 복제를 금합니다.

사계절의 아름다움을 담은 식물 자수
부케와 리스

초판 1쇄 인쇄	2024년 7월 25일	
초판 1쇄 발행	2024년 7월 30일	
엮은이	가와데쇼보신샤 편집부	
옮긴이	김한나	
펴낸이	최정이	
펴낸곳	지금이책	
등록	제2015-000174호	
주소	경기도 고양시 일산서구 킨텍스로 410	
전화	070-8229-3755	
팩스	0303-3130-3753	
이메일	now_book@naver.com	
블로그	blog.naver.com/now_book	
인스타그램	nowbooks_pub	
ISBN	979-11-88554-82-9 (13630)	

- 이 책의 내용을 무단복제하는 것은 저작권법에 의해 금지되어 있습니다.
- 잘못되거나 파손된 책은 구입하신 서점에서 교환해드립니다.
- 책값은 뒤표지에 있습니다.

휘프트백 스티치

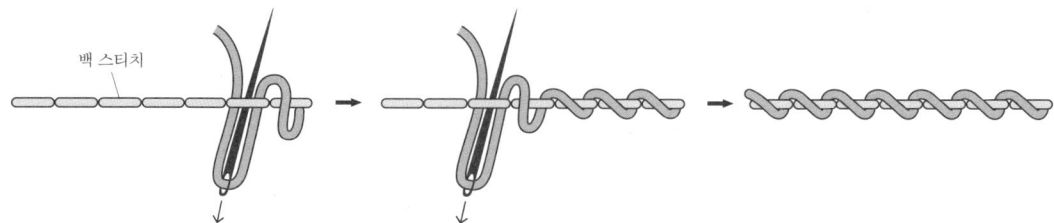

휘프트체인 스티치

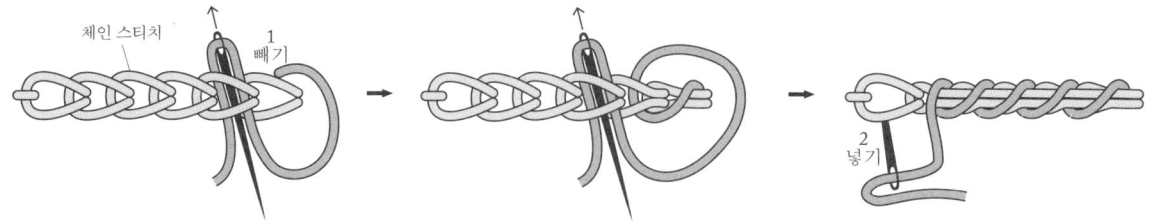

카우칭 스티치

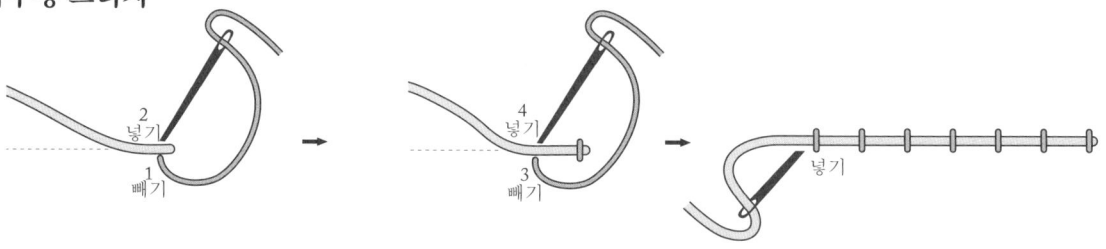

바스켓 스티치

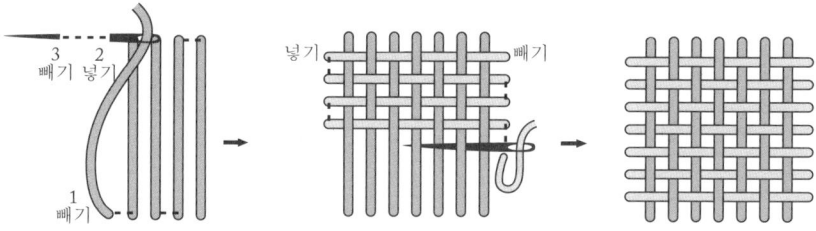

터키노트 스티치

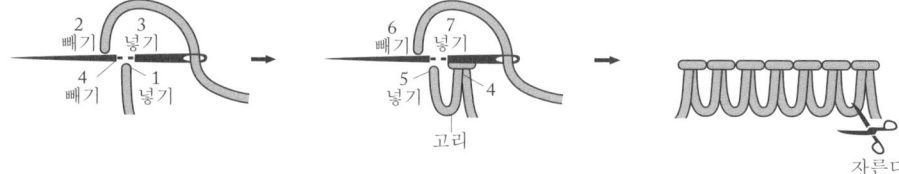

스플릿 스티치

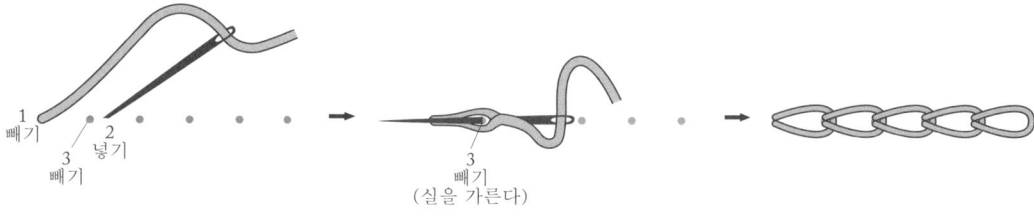

리프 스티치

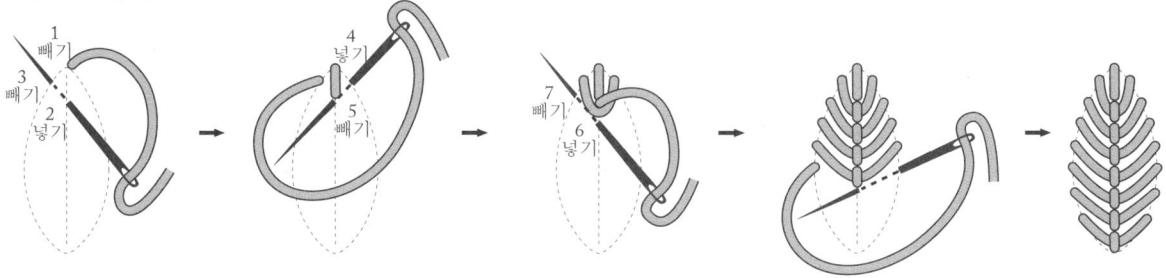

피시본 스티치

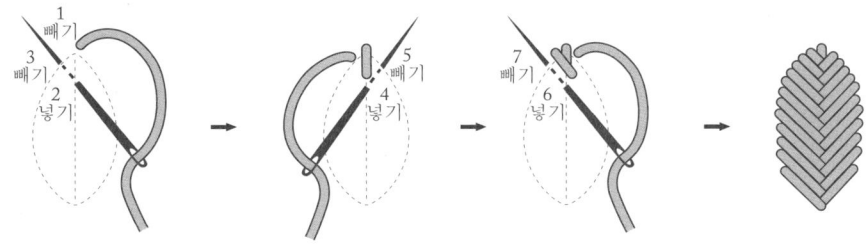

페더 스티치

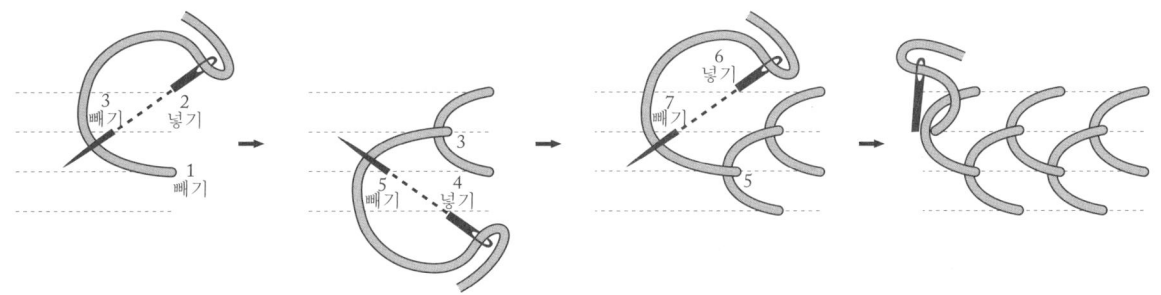

캐스트온 스티치

그라니토스 스티치

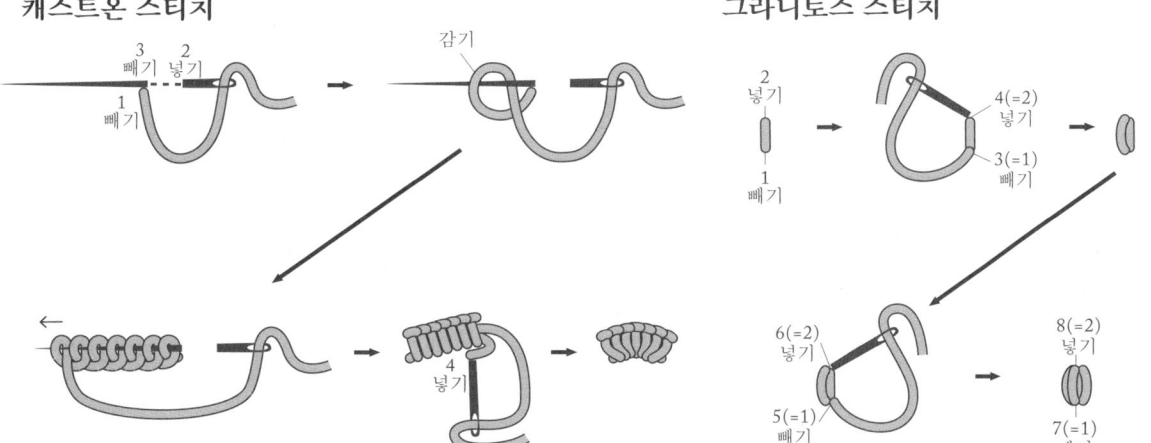